AF464741

PRÉCIS DE SOCIOLOGIE

PRÉCIS
DE
SOCIOLOGIE

PAR

G. PALANTE
AGRÉGÉ DE PHILOSOPHIE

2ᵉ ÉDITION REVUE

PARIS
FÉLIX ALCAN, ÉDITEUR
ANCIENNE LIBRAIRIE GERMER BAILLIÈRE ET Cie
108, BOULEVARD SAINT-GERMAIN, 108

1903

AVANT-PROPOS

Nous avons essayé d'exposer suivant un plan simple les résultats que nous regardons comme les mieux établis et les plus utiles à connaître en sociologie.

Bien que notre but soit avant tout de préciser et de vulgariser les notions sociologiques les plus importantes qui se dégagent de l'œuvre complexe des sociologues contemporains, nous ne nous sommes pas interdit d'indiquer nettement nos préférences au sujet de la manière de comprendre la sociologie, ainsi que de la solution à donner aux problèmes essentiels.

G. P.

PRÉCIS DE SOCIOLOGIE

LIVRE PREMIER

PRÉLIMINAIRES : Définition, Méthode et Divisions de la Sociologie

CHAPITRE PREMIER

DÉFINITION DE LA SOCIOLOGIE

Le terme *Sociologie* semble trop clair pour avoir besoin d'être défini. Il signifie étymologiquement science de la société ou des sociétés. Toutefois, cette clarté n'est qu'apparente. On peut en effet prendre cette expression « science des sociétés » dans plusieurs sens différents.

Un premier sens, le plus large de tous, consiste à entendre par sociologie l'ensemble des sciences sociales : Économie politique, Politique, Ethnologie, Linguistique, Sciences des Religions, des Arts, etc. Il est manifeste qu'une semblable science, manquant d'objet distinct, n'a aucun droit à l'existence. On peut en second lieu entendre par Sociologie la systématisation des sciences sociales particulières, ou, si l'on préfère, la science des rapports qu'ont entre elles ces diverses sciences. La Sociologie serait aux diverses sciences sociales ce qu'est, d'après le positivisme, la philosophie, par rapport aux sciences particulières qu'elle systématise. Elle montrerait les relations des sciences sociales entre elles et comblerait leurs lacunes. Ce sens est déjà plus précis que le précédent. Toutefois, il n'est pas encore satisfaisant. Car on ne sépare pas suffisamment ici les phénomènes sociaux proprement dits des phénomènes ethnologiques, économiques, juridiques, politiques, etc., qui les accompagnent ou les engendrent. — De plus, la prétention de combler les lacunes de l'Économie politique, du Droit, de la Morale, etc., ne serait pas plus justifiée, de la part des sociologues, que la prétention qu'ont eue certains philosophes de combler par des hypothèses plus ou moins contestables les lacunes des sciences physiques et naturelles.

Une autre solution consiste à assigner pour objet à la Sociologie l'étude des formes sociales, abstraction faite de leur contenu. « Une armée, une famille, une Société d'actionnaires ont, quelle que soit la différence de leurs origines et de leurs fins, certains traits communs, la hiérarchie, l'interdépendance, la différenciation, etc., qui peuvent être étudiés à part.— Le seul fait que des individus s'associent produit sur eux certains effets spécifiques. Qu'il s'agisse de phénomènes économiques, ou juridiques ou moraux, ils sont soumis à l'action du milieu social [1]. » — « On pourra, dit ailleurs le même auteur, classer les différentes espèces de milieux sociaux; on remarquera que si leurs propriétés, comme leur valeur, leur densité, la coalescence de leurs unités varient, l'action qu'ils exercent sur les individus est soumise à des variations concomitantes. On obtiendra ainsi une science où observation, classification et explication seront purement sociologiques. »

1. Bouglé, *Les Sciences sociales en Allemagne*, p. 160 (Paris, F. Alcan).

Cette conception, soutenue en Allemagne par Simmel, et en France par M. Bouglé, renferme une part de vérité. Elle a l'avantage de mettre en lumière ce fait que le nombre, la masse, la population des groupements sociaux exercent par eux-mêmes une grande influence sur l'évolution de ces groupements. Toutefois on peut adresser à cette définition les objections suivantes : 1° Cette sociologie *stricto sensu*, comme l'appelle M. Bouglé, ne peut se constituer que concurremment avec les différentes études particulières, dont l'ensemble composerait la Sociologie *lato sensu*. — On ne peut déterminer les lois abstraites qui régissent les modalités des groupements sociaux en général, qu'après avoir étudié dans le détail ces groupements eux-mêmes. 2° Il est un contenu dont il est impossible de faire abstraction : c'est le contenu psychologique des groupes étudiés. Car c'est en idées, en croyances, en désirs, que se traduisent finalement tous les phénomènes statiques ou dynamiques dont se compose la vie des sociétés. La notation psychologique reste celle à laquelle se ramènent en définitive toutes les autres. Faire abstraction, comme le demande M. Bouglé, des « idées des unités sociales » pour s'attacher aux lois purement formelles des groupements, c'est abandonner de gaieté de cœur ce qu'il y a de plus réel et de plus concret dans la vie sociale; c'est lâcher la proie pour l'ombre[1].

A nos yeux, la Sociologie n'est autre chose que la Psychologie sociale. Et nous entendons par Psychologie sociale la science qui étudie la mentalité des unités rapprochées par la vie sociale.

Nous n'éprouverons aucun scrupule si l'on nous objecte que cette définition ramène au fond la Psychologie sociale et par suite la Sociologie elle-même à la Psychologie individuelle. — A nos yeux, c'est à cette dernière qu'il faut toujours en revenir. Elle reste, qu'on

1. Bouglé, *Les Idées égalitaires*, p. 18 (Paris, F. Alcan).

le veuille ou non, la clef qui ouvre toutes les portes. L'énergie sociale par excellence reste toujours le psychisme, non le psychisme collectif dont parle M. de Roberty[1], mais le psychisme tout court, ou psychisme individuel. C'est ce dernier qui peut seul donner un sens à cette expression de psychisme collectif.

La Psychologie sociale aura ainsi un double objet :

1° Rechercher comment les insertions des consciences individuelles interviennent dans la formation et dans l'évolution de la conscience sociale (Nous entendons ici par conscience sociale l'ensemble d'idées, de croyances et de désirs qui composent la mentalité dominante d'une société et qui imposent aux unités associées un conformisme intellectuel, émotionnel et moral plus ou moins conscient). La Psychologie des grands hommes est ici d'un haut intérêt.

2° Rechercher comment inversement cette conscience sociale agit sur les consciences individuelles. Quelles modifications ou dégradations, parfois dépressions, ce conformisme social exerce-t-il sur les intelligences et les caractères individuels ? Quels sont les effets psychologiques de la solidarité qui unit les unités humaines, que cette solidarité soit professionnelle. économique, religieuse, morale, etc ? — Comme le remarque avec raison M. Barth, « chaque transformation de la société entraîne une transformation du type humain et des changements corrélatifs dans la conscience des individus qui constituent la société, changements qui réagissent à leur tour sur la société elle-même[2] ». Ces actions et ces réactions constituent l'objet propre de la Psychologie sociale.

Quand M. Lebon fait la psychologie du socialisme, quand M. Sighele écrit ses livres sur la psychologie

1. De Roberty, *Morale et Psychologie* (*Revue philosophique*, octobre 1900).
2. Barth, *Die Philosophie des Geschichte als Sociologie*, p. 10.

des Foules et des Sectes, quand M. Max Nordau étudie de près l'atmosphère de mensonge dont la société contemporaine enveloppe l'individu; quand Mme Laura Marholm[1] suit les variations de la mentalité féminine d'après les variations du milieu social; lorsque Schopenhauer analyse la mentalité de « la Dame », et son rôle dans la société actuelle, lorsque Nietzche étudie les conséquences sociales de la généralisation du sentiment de la Pitié dans notre civilisation européenne, ou encore lorsqu'il analyse la nature morale et les effets sociaux du renversement de l'échelle des valeurs opéré par le christianisme, il n'est personne qui puisse méconnaître le haut intérêt sociologique de semblables recherches psychologiques.

D'une manière générale, la psychologie sociale recherche les rapports de la conscience individuelle et de la conscience sociale. Tantôt elle met en lumière les points de contact qui peuvent se rencontrer entre ces deux consciences, tantôt elle insiste sur leurs contradictions et les conflits qui en résultent.

Il y a de profondes et délicates analogies entre l'âme des individus et celle des sociétés. Telle est par exemple cette vérité aperçue par Nietzche que parfois un heurt violent, une rupture énergique avec le passé est, pour les peuples comme pour les individus, une condition du renouvellement de la vitalité. « Il y a, dit Nietzche, un degré d'insommie, de rumination, de *sens historique*, qui nuit à l'être vivant et qui finit par l'anéantir, qu'il s'agisse d'un homme, d'un peuple ou d'une civilisation. »

De telles intuitions, empruntées à la psychologie la plus pénétrante nous font saisir sur le vif les conditions les plus délicates de la vie des sociétés.

Les luttes qui se livrent au sein des consciences individuelles ne sont souvent que le reflet d'antago-

1. Laura Marholm, *Zur Psychologie der Frau*. Berlin, 1897.

nismes extérieurs et sociaux. Un critique, M. Ch. Saroléa[1], fait une distinction très fine entre ce qu'il appelle les conflits *individuels* et les conflits *sociaux*. Il entend par conflits sociaux ceux qui résultent de l'antagonisme entre deux classes (par exemple entre la noblesse et la roture, entre la classe riche et la classe pauvre), au contraire, il entend par conflits individuels les conflits de l'individu avec lui-même déterminés par les divers cercles sociaux auxquels il peut appartenir et par les influences sociales contradictoires auxquelles il peut se trouver soumis. — Le parallélisme de ces antagonismes dans le milieu social et dans la conscience individuelle constitue un sujet d'étude des plus importants pour le psychologue social.

L'importance des rapports entre la mentalité individuelle et la mentalité de la cité ou société a été aperçue dès longtemps par ceux qui se sont occupés des problèmes sociaux et politiques. — Dans le chapitre III du livre III de sa *Politique*, Aristote se pose, dans des termes assez obscurs il est vrai, la question de savoir si le concept de vertu doit être défini de la même façon quand il s'agit de l'homme privé et du citoyen. Sighele étudie un problème du même ordre quand il se pose la question de savoir si le fait de prendre contact, de se tasser, de s'agglomérer tend à élever ou à abaisser le niveau intellectuel et moral des individus[2]. M. de Roberty se pose aussi le même problème que Sighele et lui donne une solution semblable, mais qu'il interprète autrement[3].

Les points sur lesquels il y a conflit entre la conscience individuelle et la conscience sociale sont plus nombreux et plus importants que ceux sur lesquels il

1. Ch. Saroléa, *Henrik Ibsen et son œuvre*, p. 71.
2. Sighele, *Contre le Parlementarisme*, 1895.
3. De Roberty, *Morale et Psychologie* (*Revue philosophique*, octobre 1900)

y a accord. Nous ne développerons pas longuement ce point de vue en ce moment. Nous nous bornerons aux remarques suivantes : Il y a souvent dans les idées, les mœurs, les croyances, les institutions d'une société donnée des contradictions qui sautent aux yeux d'un observateur un peu attentif. Du jour où la conscience d'un individu aperçoit ces contradictions, elle ne peut s'empêcher d'en être surprise et de se poser un point d'interrogation sur la valeur de la mentalité sociale ambiante. Ce sont ces contradictions sociales qui, d'après le Dr Nordau, sont la cause de l'inquiétude et du malaise qui pèsent sur les consciences contemporaines.

La conscience sociale opprime souvent les consciences individuelles. Les égoïsmes individuels sont très souvent les esclaves et les dupes de l'égoïsme collectif. Nietzche a fortement exprimé cette antinomie : « La plupart des gens, dit-il, quoi qu'ils puissent penser et dire de leur « égoïsme », ne font rien, leur vie durant, pour leur *ego*, mais seulement pour le fantôme de leur *ego* qui s'est formé sur eux dans le cerveau de leur entourage avant de se communiquer à eux ; — par conséquent, ils vivent tous dans une nuée d'opinions impersonnelles, d'appréciations fortuites et fictives, l'un vis-à-vis de l'autre et ainsi de suite d'esprit en esprit : singulier monde de phantasmes qui sait se donner une apparence si raisonnable ! Cette brume d'opinions et d'habitudes grandit et vit presque indépendamment des hommes qu'elle entoure; c'est elle qui cause la fausseté inhérente aux jugements d'ordre général que l'on porte sur « l'homme », — tous ces hommes inconnus l'un à l'autre croient à cette chose abstraite qui s'appelle « l'homme », à une fiction ; et tout changement tenté sur cette chose abstraite par les jugements d'individualités puissantes (telles que les princes et les philosophes) fait un effet extraordinaire et insensé sur le grand nombre. — Tout cela, parce que chaque individu ne sait pas opposer, dans ce grand nombre, un *ego* véritable, qui lui est propre et qu'il a approfondi à la pâle fiction universelle qu'il détruirait par là même[1]. » — Schopenhauer avait aussi noté cette illusion qui fait que tant d'hommes placent « leur bonheur et l'intérêt de leur vie entière dans la tête d'autrui[1] ».

Ce qui est socialement respectable est souvent sans valeur aux yeux de la raison individuelle de l'homme réfléchi.

Inutile d'insister davantage sur les conflits qui se présentent entre la conscience individuelle et la conscience sociale. Ce que nous venons de dire suffit à montrer qu'il y a là tout un champ ouvert aux investigations du psychologue social. Sa tâche principale serait de déterminer, parmi ces antinomies, lesquelles ne sont que provisoires et lesquelles apparaissent comme essentielles et définitives.

On objectera à ces études d'être plutôt littéraires que scientifiques. Ce reproche n'est pas de nature à nous inquiéter, si l'on entend par là que le sociologue doit s'attacher à la considération de l'aspect subjectif, — sentimental ou intellectuel — des phénomènes sociaux, au moyen d'une intuition psychologique analogue à celle qu'emploient le romancier, le moraliste, et d'une manière générale le peintre social. Car il vient forcément un moment où, dans le domaine complexe et délicat des choses sociales, l'esprit scientifique, avec ses compartiments rigides, — souvent artificiels, — doit céder la place à l'esprit de finesse. La méthode du psychologue social n'est pas « celle de la vulgaire logique de l'École, qui range les vérités à la file, chacune tenant les pans de sa voisine, mais celle de la Raison Pratique, procédant par de larges intuitions qui embrassent des groupes et des règnes entiers systé-

1. Nietzche, *Aurore*, § 105.

matiques; de là pourrions-nous dire, la noble complexité, presque semblable à celle de la nature, qui règne dans cette peinture spirituelle[1] ».

Ajoutons que, selon nous, le psychologue social ne s'interdira nullement les investigations sur la société contemporaine. Suivant l'expression de Nietzche, il faut savoir être « un bon voisin des choses voisines » et ne pas craindre de les regarder de près. Certains sociologues se défient de ces investigations sur la société actuelle; c'est à tort, selon nous, car si la connaissance du passé est indispensable à celle du présent, cette dernière peut aussi aider à interpréter les idées et les mœurs du passé.

Si nous nous étendons si longuement sur la Psychologie sociale, c'est que nous la regardons comme le vrai noyau de la Sociologie. Les partisans d'une sociologie formelle font eux-mêmes, par la force des choses, une large part à la déduction psychologique[2]; ils reconnaissent que c'est toujours d'une loi psychologique que se déduisent les lois sociologiques[3]. L'influence de facteurs tels que la masse, la densité, l'hétérogénéité, la mobilité de la population mérite d'être étudiée. Mais le complément nécessaire et le point d'aboutissement de cette étude est la psychologie sociale.

1. Carlyle, *Sartor Resartus* (édition du *Mercure de France*, p. 69).

Voir sur ce point Lapie, *Les Civilisations tunisiennes*, p. 283 (Paris, F. Alcan).

3. M. Remy de Gourmont, après avoir analysé les effets sociaux du phénomène psychologique de la Dissociation des idées, dit fort justement: « On pourrait essayer une psychologie historique de l'humanité en cherchant à quel degré de dissociation se trouvèrent dans la suite des siècles un certain nombre de ces vérités que les gens bien pensants s'accordent à qualifier de primordiales. Cette recherche devrait être le but même de l'histoire. Puisque tout dans l'homme se ramène à l'intelligence, tout dans l'histoire doit se ramener à la psychologie » (*La Culture des Idées*, p. 88).

CHAPITRE II

CE QUE LA SOCIOLOGIE N'EST PAS

Pour préciser la notion de la Sociologie, nous devons la distinguer de certaines sciences voisines avec lesquelles on court risque de la confondre.

D'abord, il faut la distinguer soigneusement de la Métaphysique sociale. — L'étude des sociétés donne naissance, comme les autres sciences, à certaines questions d'origine, de nature et de fin qu'on appelle métaphysiques. On sait qu'il est d'une bonne méthode d'établir sur tous les domaines une ligne de démarcation bien nette entre ce qui est observable et ce qui relève de l'hypothèse métaphysique.

Les questions métaphysiques qui se posent à propos des sociétés sont : 1° la question de nature, 2° la question de fin.

Au premier point de vue, on peut se représenter la société humaine soit comme un agrégat mécanique d'atomes, soit comme un système de cellules analogues à celles qui constituent les tissus et les organes d'un être vivant ; soit enfin comme un système de monades spirituelles, raisonnables et libres, à la fois harmoniques et autonomes. Ce sont les hypothèses du mécanisme social, du biologisme social et du spiritualisme ou dualisme social. Ces diverses écoles ont eu et ont encore aujourd'hui leurs représentants. Par exemple, MM. Spencer, de Roberty, Worms, etc., développent l'organicisme social. Certains spiritualistes leibnitziens ou kantiens ont donné la préférence à la philosophie sociale dualiste. Ces spéculations peuvent avoir leur intérêt. Mais à vrai dire, elles ne rentrent pas dans la Sociologie proprement dite. Cette dernière n'a pas plus à s'occuper d'elles que la psychologie positive n'a à s'occuper de l'essence intime, — spirituelle ou matérielle de l'âme[1].

L'autre question métaphysique qui se pose est celle de fin. L'évolution des sociétés humaines a-t-elle un but et quel est ce but ? — Le monde social est-il le produit du hasard ou est-il dominé par une Idée providentielle? Faut-il admettre un Progrès, au sens métaphysique et finaliste du mot, — ou bien l'évolution n'est-elle qu'un perpétuel recommencement sans raison et sans but ? — Ce but est-il, dans la pensée de Dieu le bien de la masse entière de l'humanité ou seulement le bien d'une élite, de cette République des génies dont parle quelque part Schopenhauer et dont Nietzche salue l'avènement ? — Autant de problèmes qui relèvent plutôt de la Métaphysique sociale que de la Sociologie. Tout ce que peut faire le sociologue, c'est de constater la marche effective des sociétés humaines et les transformations de la conscience sociale. Tout au plus peut-il risquer, d'après le passé, quelques indications sur l'orientation des sociétés dans l'avenir.

Quel rapport la Sociologie soutient-elle avec l'Histoire? L'Histoire est le fonds où puise la Sociologie. Mais autre chose est la tâche de l'historien qui étudie et interprète les faits, autre chose celle du sociologue qui étudie les influences générales qui interviennent dans

1. M. Barth nous semble bien exprimer l'inutilité scientifique des théories *dualistes*, par exemple : « Si elles nous ont donné, dit-il, une connaissance plus claire de l'importance de l'esprit et de la conscience pour l'évolution sociale elle-même, elles ne nous ont fourni presque aucun renseignement sur la manière dont, dans la réalité historique, cette influence a déterminé l'organisation sociale » (Barth, *Philosophie der Geschichte als Sociologie*, p. 194.

la production des états sociaux, ainsi que les combinaisons concrètes auxquelles elles aboutissent et les formes de mentalité sociale qu'elles déterminent. — Ajoutons toutefois qu'il peut arriver que l'historien, — un Michelet, un Carlyle ou un Taine, — restaurent la mentalité d'une époque ou d'une période historique. Ils font alors œuvre de psychologue social et de sociologue.

La Sociologie ne se confond pas non plus avec la Philosophie de l'histoire, ainsi qu'a semblé le croire M. Barth[1]. Car la Philosophie de l'histoire a été la plupart du temps construite *a priori*. C'est ce qu'on peut voir dans la philosophie de l'histoire d'un saint Augustin, d'un Bossuet, d'un Vico. — D'autre part, d'après l'aveu même de M. Barth, « les systèmes de philosophie de l'histoire n'ont pas pris pour objet l'ensemble de la société, mais un côté de la vie sociale auquel ils ont attribué une influence tellement prépondérante qu'ils ont cru pouvoir en dériver tout le reste ». — Aussi M. Barth a-t-il raison de désigner ces sytèmes sous le titre de systèmes unilatéraux, *einseitige*.

La Sociologie n'est pas non plus l'ethnologie, ni l'anthropologie, ni cette science nouvelle qu'on appelle l'anthroposociologie, qui n'est qu'une dépendance de l'anthropologie. Car ces diverses sciences étudient surtout le facteur ethnique, lequel peut jouer sans doute un rôle dans la formation des formes sociales, mais dont ces dernières se dégagent, et auquel elles se superposent comme un phénomène nouveau et irréductible.

Le domaine de l'Économie politique est plus étroit que celui de la Sociologie. En effet, l'Économie politique s'occupe exclusivement de la richesse. Une loi économique, telle que celle de la division du travail ou encore la loi de l'offre et de la demande, a sans doute des applications sociales très larges, mais l'Éco-

1. Barth, *Philosophie des Geschichte als Sociologie.*

nomie politique n'examine ces lois qu'au point de vue de leur application à la richesse.

Disons enfin un mot des rapports de la Sociologie avec la Politique et la Morale.

La Sociologie est une étude réelle des sociétés, de leur fonctionnement et de leur mentalité. La Politique se propose d'établir des préceptes et de fixer un idéal social. Les deux choses sont bien différentes. Il ne faut pas, comme le font quelques personnes peu familiarisées avec ces problèmes, confondre ces deux expressions : Sociologie et Socialisme. Autre chose est une étude sociologique, autre chose un système politique. Ajoutons que la Sociologie ne doit jamais dépendre de la Politique, de ses exigences ou de ses aspirations. La Politique dépend au contraire de la Sociologie et doit lui emprunter des lumières, sous peine d'être une vaine escrime de sophismes ou une plate lutte d'intérêts.

Les rapports entre la Sociologie et la Morale sont aussi très étroits, puisque le problème social se manifeste à son point culminant sous la forme du problème moral le plus passionnant qui préoccupe la conscience contemporaine, celui des rapports de l'individu et de la collectivité. Certains, parmi lesquels M. de Roberty, identifient la Sociologie et la Morale. D'après ce sociologue, la morale est essentiellement un produit social. « Toujours et partout, dit-il, la transition du moral au social s'affirme comme un passage du même au même. La morale est, dans l'ordre des idées, le corrélatif exact des mœurs, des coutumes, des droits et, en général, des rapports sociaux, dans l'ordre des faits[1]. » A cet optimisme social s'opposent ceux qui établissent une antinomie entre l'individu et la société. D'après eux, la société est, comme la nature

1. De Roberty, *Morale et Psychologie* (*Revue philosophique*, octobre 1900).

d'après Schopenhauer et Renan, indifférente à la moralité. Jamais elle ne réalisera l'idéal optimiste : le monisme moral. La morale est une création de l'Individu ; elle a son siège dans la conscience individuelle, non dans la conscience sociale. — Nous nous contentons d'indiquer ici ce problème dont la solution ne peut venir que comme le couronnement même de la Sociologie.

CHAPITRE III

HISTOIRE DE LA SOCIOLOGIE

Le mot *Sociologie* est nouveau. La science que ce mot désigne est-elle plus ancienne? — De tout temps l'attention des hommes s'est portée sur des phénomènes qui les touchaient d'aussi près que les phénomènes sociaux. Toutefois, dans l'antiquité, cette étude a été constamment subordonnée à des considérations métaphysiques ou morales. Même chez Aristote, la conception de la Sociologie reste vague, et son objet ne se distingue pas de celui de sciences voisines, telles que l'Économique et la Politique. Il en est de même chez tous les philosophes qui ont été les héritiers de la tradition gréco-latine. Thomas Morus, Campanella, etc., ont été des politiques constructeurs de cités idéales plutôt que des sociologues.

Au XVIIIe siècle, Montesquieu semble le premier avoir eu le pressentiment d'une sociologie scientifique. L'École positiviste a ensuite fait le plus puissant effort pour constituer la Sociologie à l'état de science. En France, A. Comte, en Angleterre, H. Spencer ont cru à la possibilité de réduire à des lois exactes les phénomènes sociaux. Ils ont même imprimé à la sociologie sa double grande direction. Tandis que Spencer s'orientait dans la voie du biologisme social, A. Comte a vu d'emblée l'importance du point de vue psychologique en sociologie, puisqu'il a fait reposer toute l'évolution sociale sur une loi psychologique, la loi des trois états.

Si l'on cherche à suivre l'évolution de la Sociologie dans notre siècle, on voit que cette évolution semble avoir traversé trois phases : 1° la phase économiste ; 2° la phase naturaliste ; 3° la phase psychologique.

M. H. Mazel retrace excellemment dans les lignes suivantes les trois phases de cette évolution : « Il y a quelque vingt ou trente ans, le domaine sociologique semblait être le fief des économistes, et ceux-ci se faisaient de leur science une idée singulièrement étroite. Cette étroitesse, on peut la deviner à la seule définition que l'on donnait alors de l'économie politique : la science de la richesse. La richesse était en voie de devenir une sorte d'idole à laquelle on sacrifiait l'homme ; sa production, fin unique des sociétés, devait être poussée à son maximum. Il y a non plus trente ans, mais cinq ou six seulement, le champ sociologique était devenu l'apanage des naturalistes ; le puissant mouvement d'idées produit par l'hypothèse évolutionniste avait eu son contre-coup dans les sciences sociales, et celles-ci, suivant le mot connu de Taine, se détachaient des spéculations métaphysiques pour se souder aux sciences naturelles. On n'entend plus alors s'entrechoquer les mots rente et valeur, libre-échange et protection, double étalon et simple étalon, mais les termes organisme, sélection, lutte pour la vie reviennent sans cesse ; les préoccupations d'hérédité, d'atavisme, de croisements et de retour au type deviennent dominantes ; chez les disciples appliqués, plus caractéristiques que les maîtres, la théorie devient tyrannique et toute différence s'efface entre les sociétés humaines et les sociétés animales. C'est dans ce milieu que M. Tarde vient d'élever la voix, et déjà son influence semble aussi décisive contre l'abus naturaliste que l'avait été celle de Le Play contre l'abus économiste. Lui aussi ne s'avise pourtant que d'une chose bien simple, à savoir que les hommes ne sont pas des anthropoïdes et que la Sociologie ne doit pas être l'étude seule des facteurs géographiques ou physiologiques, mais encore celle des facteurs moraux, l'influence de la nature ou de l'hérédité sur une société étant en somme moindre que l'action des individus qui la composent ou des autres sociétés qui l'avoisinent. En remplaçant, ou mieux en ajoutant aux causes climat et race les causes invention et imitation, il rendait à la Sociologie son indépendance comme aux sociétés humaines leur liberté[1]. »

A l'heure présente, remarquons-le toutefois, les considérations économiques n'ont pas disparu. Elles dominent en particulier toute la sociologie socialiste. Mais en même temps sous l'influence de penseurs tels que MM. Tarde, Simmel, Sighele, Nordau, se dessine une orientation nettement psychologique. Ajoutons à ces influences celle de deux philosophes qui, bien que n'étant pas des sociologues proprement dits, ont apporté dans la critique des choses morales et sociales le plus pénétrant esprit d'analyse : Schopenhauer et Nietzche. L'influence de ce dernier en particulier s'est encore peu fait sentir en sociologie. Mais demain peut-être, en dépit de certaines idées rétrogrades[2] qui gâtent son œuvre, cet ennemi du dogmatisme sera-t-il, en raison même de son inspiration antidoctrinaire, un de ceux qui contribueront le plus à la rénovation d'une science où l'on a parfois trop dogmatisé.

1. H. Mazel, *La Synergie sociale*, p. 330.
2. Celles relatives au faux aristocratisme de Nietzche.

CHAPITRE IV

LA MÉTHODE EN SOCIOLOGIE

La question de méthode est importante en toute science. Toutefois, en Sociologie, nous croyons qu'il ne faut pas exagérer cette importance. La raison en est que la Sociologie en est encore à sa période de formation, c'est-à-dire dans la période où le chercheur a le plus besoin de liberté. Il faut se garder des disciplines trop tyranniques et des règles trop minutieuses que certains sociologues ont cru devoir tracer.

Nous nous bornerons donc à quelques indications.

D'après ce que nous avons dit plus haut, il est clair que la méthode de la sociologie ne peut être la méthode à priori. Cette méthode pouvait être employée à une époque où la sociologie était subordonnée à la métaphysique ou à la morale. — Il n'en est plus ainsi aujourd'hui. Il ne peut être question ici que de la méthode d'observation avec les différents procédés qui la composent. Quant à l'application de cette méthode et à la mise en œuvre de ses procédés, elle doit rester l'affaire de chaque chercheur et peut se diversifier beaucoup suivant les problèmes étudiés.

Il est pourtant une méthode qui nous semble difficile à admettre, précisément à cause de son caractère exclusif. C'est la méthode tout objective que M. Durckheim a proposée dans ses *Règles de la méthode sociologique*. Le sociologue devrait, d'après M. Durckheim, traiter les phenomènes sociaux d'une façon objective et en les observant dans les choses extérieures, car c'est là seulement où ils peuvent être mesurés, connus quantitativement. Comme nos sentiments sont variables et discutables, nous devons chercher dans le monde extérieur des phénomènes fixes, vraiment objectifs qui nous serviront à mesurer les phénomènes sociaux.

Les règles juridiques par exemple rempliront ce rôle. En considérant les variations du nombre des règles relatives à certains délits dans certaines sociétés nous pourrons étudier objectivement les variations de la solidarité sociale. Comme le fait remarquer M. Bouglé, « il faudrait, pour que cette méthode fût exacte, qu'il y eût entre les phénomènes sociaux proprement dits et ces phénomènes matériels une correspondance exacte, et que les variations des codes par exemple, fussent parfaitement parallèles aux variations des sentiments juridiques. Or, il n'est pas facile, en science sociale, de démontrer de pareilles correspondances. Jhering remarque que bien des sentiments juridiques restent sans expression, sans symbole sensible. Certains sentiments très forts peuvent ne pas s'objectiver dans une forme définie. Bien plus, n'est-il pas souvent juste de dire que le moment où un sentiment commence à s'exprimer, à entrer dans les choses, marque le moment où il commence à décliner, à sortir des consciences? Jhering a montré qu'on s'abuserait si on jugeait des rapports réels entre père et fils à Rome par l'expression juridique de ces rapports[1] ». M. Max Nordau a montré dans son livre : *Les Mensonges conventionnels de notre civilisation*, quel écart existe souvent entre nos institutions et nos croyances véritables, entre notre pratique sociale et notre pensée intime. Notre vie sociale est en grande partie symbole, simulacre, mensonge. C'est précisément au moment où les pouvoirs sociaux et les institutions sociales

1. Bouglé, *Les Sciences sociales en Allemagne*, p. 151.

commencent à perdre leur empire sur les âmes qu'elles multiplient les rites, les cérémonies, les prescriptions extérieures. Quelle idée fausse ne se ferait pas un sociologue qui voudrait juger de notre conscience sociale au point de vue de la famille ou de la propriété par exemple, d'après les législations, les institutions et conventions existantes? Il s'en faut de beaucoup que le dehors traduise toujours le dedans.

Ajoutons que la Sociologie doit devenir de plus en plus psychologique et idéologique au fur et à mesure qu'elle s'applique à l'étude d'époques historiques plus conscientes d'elles-mêmes, telles que nos sociétés modernes depuis la fin du XVIIIe siècle. Pour la connaissance de ces sociétés, les faits ne suffisent plus, il faut la connaissance des idées. Comment comprendre la genèse et l'évolution du socialisme allemand sans remonter jusqu'aux idées de la philosophie allemande dont cette genèse est la mise en action? « Si telle mesure proposée en Allemagne sur les hypothèques foncières a sa source dans Hegel ou dans Saint-Simon, ne peut-on pas dire que l'esprit hégélien ou saint-simonien aujourd'hui légifère[1] ? »

Nous ne porterons pas un jugement plus favorable sur la méthode dite biologique (Schaeffle, Spencer, Worms), qui a eu un moment — vite disparu — de faveur. Cette méthode consiste, comme on sait, à considérer une société comme un organisme et à lui appliquer, par analogie, les lois physiologiques qui régissent les êtres vivants. — Une telle méthode a l'inconvénient de supposer une certaine métaphysique sociale (l'organicisme ou matérialisme social) et de conduire à une sorte de *réalisme* social qui accorde à la société une

1. Ch. Andler, *Les Origines du Socialisme d'État en Allemagne*. Introduction (Paris, F. Alcan). Voir aussi sur ce point : A. Aulard, *Histoire politique de la Révolution française, Avertissement*. Nietzche, *Par delà le Bien et le Mal; Histoire naturelle de la Morale*, § 186.

existence indépendante des individus et supérieure à eux. Remarquons pourtant que les comparaisons biologiques, si on ne les prend pas au pied de la lettre, ne présentent plus ce danger et peuvent même rendre quelques services. La preuve en est qu'on les trouve parfois sous la plume de sociologues qui ne partagent nullement la théorie de la société-organisme.

Ces deux conceptions éliminées, nous croyons qu'on doit faire la part la plus large aux diverses méthodes sociologiques, qu'il s'agisse de la méthode descriptive et historique (Barth), ou de la méthode classifiante (Steinmetz), ou de la méthode psychologique abstraite (Simmel), ou de la méthode psychologique concrète (Nordau). Ces diverses méthodes n'ont d'ailleurs rien d'inconciliable et peuvent se prêter un mutuel secours.

Pour notre part, nous croyons qu'une psychologie sociale descriptive, analytique et critique peut rendre de grands services, ne fût-ce que pour mieux mettre en lumière les multiples données des problèmes sociaux et en préparer la solution.

Mais, comme nous l'avons dit plus haut, qu'on se garde des dogmatismes excessifs et des réglementations trop rigoureuses. Elles courraient risque de tout fausser. Nietzche a dit la vérité sur ce point, dans le passage suivant, sur la morale, et l'on peut appliquer exactement — *mutatis mutandis* — ses observations à la Sociologie. « Le sentiment moral est maintenant, en Europe, aussi fin, aussi tardif, multiple, raffiné et délicat, que la « science de la morale » qui s'y rapporte est jeune, novice, lourde et d'un doigté grossier... On devrait reconnaître rigoureusement *ce qui*, pour longtemps encore, est nécessaire ici, *ce qui* provisoirement seul a droit de cité : à savoir l'assemblage des matériaux, la conception et l'aménagement d'un domaine énorme de sentiments délicats et de différenciations de valeurs qui vivent, croissent, engendrent et périssent ; — peut-être des tentatives de rendre intelligibles le retour périodique et les phases fréquentes de cette vivante cristallisation, ceci comme préparation à une *doctrine des types* de la morale. Jusqu'à présent, on n'a pas été aussi modeste. Les philosophes exigeaient d'eux-mêmes quelque chose de plus haut, de plus prétentieux, de plus solennel, dès qu'ils s'occupaient de morale en tant que science : ils voulaient le *fondement* de la morale, et chaque philosophe a cru jusqu'à présent avoir fondé la morale. Combien se trouve loin de leur orgueil cette tâche de description, sans éclat en apparence, abandonnée dans la poussière et l'oubli, quoique pour cette tâche les mains et les sens les plus fins ne sauraient être assez subtils[1] ! »

Si la méthode descriptive est le point de départ nécessaire de la Sociologie, et si elle doit, même plus tard, revendiquer une grande part dans les progrès de cette science, cela ne veut pas dire que la Sociologie doive renoncer à découvrir des lois. Il peut y avoir des lois en sociologie et en psychologie sociale, — lois, il est vrai, qui doivent pouvoir se déduire des lois de la psychologie individuelle et qui présentent, au point de vue de leur certitude et de leur valeur, beaucoup d'analogie avec ces dernières.

On s'est demandé quelle notion il fallait se faire de la vraie nature des lois sociologiques. Deux conceptions ont été émises à ce sujet.

D'après les uns (E. de Laveleye) les lois sociales sont celles qu'édicte le législateur, et non des nécessités naturelles. « Celles-ci, a dit M. de Laveleye, échappent à la volonté de l'homme, les autres en émanent. »

D'après les autres (Comte, Spencer, de Greef), les lois sociales sont de la même nature que les lois physiques. Il y a pour les phénomènes sociaux des lois d'action et de réaction, d'opposition et de combinaison

1. Nietzche, *Par delà le Bien et le Mal; Histoire naturelle de la Morale*, § 186.

qui sont des nécessités naturelles identiques aux lois qui régissent l'univers matériel.

Nous croyons, pour notre part, qu'il existe un déterminisme sociologique comme il existe un déterminisme psychologique. Mais nous n'en concluons pas qu'il est impossible à la volonté humaine d'intervenir dans les phénomènes sociaux pour les modifier ou les diriger. Le tout est ici de s'entendre sur la manière dont doit se définir la volonté humaine.

Entend-on par volonté un pouvoir d'indifférence sans commune mesure avec le milieu où elle est appelée à agir et susceptible de créer de toutes pièces par un *fiat* absolu des conditions nouvelles d'existence, il est clair que la conception de l'intervention d'une telle volonté ne peut trouver place dans la science.

Mais, entend-on par volonté un pouvoir de réflexion et d'action susceptible de concevoir des idées et de les réaliser, en se conformant aux conditions ambiantes et aux lois générales de la nature physique et morale ? Alors, il est possible d'admettre rationnellement et scientifiquement l'intervention de la volonté humaine. Cette action n'est plus inintelligible, puisqu'elle s'exerce non contrairement, mais conformément au déterminisme naturel et en particulier à la loi psychologique des idées-forces.

Ainsi peuvent se concilier les exigences du déterminisme et cette contingence relative que M. Tarde se plaît à retrouver dans la marche des faits sociaux.

CHAPITRE V

DU CONCEPT DE SOCIÉTÉ

Il peut être utile, pour délimiter l'objet de notre étude, de donner dès à présent une définition de ce qu'on entend par société. Il ne peut être question en ce moment d'une définition *réelle* de la société, car une telle définition supposerait achevée la sociologie ; mais d'une définition purement *nominale* et *formelle*. Nous ne trancherons pas en ce moment le problème du réalisme ou du nominalisme social, c'est-à-dire la question de savoir s'il faut, avec les Platoniciens, regarder la société comme une entité distincte des individus et supérieure à eux, ou s'il faut, avec les Péripatéticiens nominalistes, croire que la société n'est rien en dehors des individus. Nous écartons aussi la question de savoir quel est en fait le facteur générateur des sociétés. Ce sont des problèmes que nous aurons l'occasion d'étudier plus loin.

Il s'agit simplement encore une fois de donner une définition verbale de la société.

Une société est un groupement d'individus réunis, soit spontanément, soit volontairement, sous l'empire de certaines circonstances et de certains besoins. C'est une définition de ce genre que donne le comte de Gobineau au début de son ouvrage sur *l'inégalité des races humaines*. « Ce que j'entends par société, dit-il, c'est une réunion plus ou moins parfaite au point de vue politique, mais complète au point de vue social, d'hommes vivant sous la direction d'idées semblables et avec des instincts identiques [1]. »

Une remarque importante ici, c'est que l'unité du vocable *société* ne doit pas dissimuler la multiplicité des groupements sociaux. On peut distinguer des formes très diverses de sociétés :

Au point de vue de leur étendue, on peut distinguer des sociétés très vastes, telles que par exemple une Église qui est ou aspire à être catholique, c'est-à-dire universelle, — une nation, — une ligue politique qui embrasse un pays tout entier, — et des sociétés très petites, telles que par exemple une commune rurale, une société de gymnastique, un syndicat de cultivateurs s'associant pour acheter à frais communs des instruments de culture. Au point de vue de leur origine, on pourra distinguer des sociétés naturelles et des sociétés artificielles. La famille est le type des sociétés naturelles. Une société d'actionnaires, un corps de fonctionnaires, une société de cyclisme sont des sociétés artificielles. Au point de vue de leur durée, on pourra distinguer des sociétés temporaires ou même éphémères et des sociétés durables. — Comme exemple de sociétés temporaires, on peut citer un syndicat de grévistes, un comité de tombola ou de bal. Une association durable sera par exemple la franc-maçonnerie qui se perpétue en se transformant pendant des siècles. Ajoutons qu'une société est rarement *une*. La plupart du temps, elle est un assemblage composite, une mosaïque de sociétés plus petites qui s'entrecroisent et s'enchevêtrent, de manière à former autour de l'individu un tissu de rapports sociaux plus ou moins compliqués. — Famille, cité, état, classe sociale, groupe professionnel, groupe religieux, ce sont là autant de sociétés particulières qui forment autant de couches concentriques au-

1. Cte de Gobineau, *Essai sur l'Inégalité des races humaines*, p. 7.

tour de l'individu. Cicéron le remarquait déjà au livre Ier du *De Officiis:* « Il y a, dit-il, plusieurs espèces de sociétés parmi les hommes. De cette première qui s'étend à l'infini, passons à une autre qui est plus restreinte, celle où l'on forme une même nation, un même peuple, où l'on parle la même langue, toutes choses qui lient fortement les hommes entre eux ; une autre encore plus resserrée, c'est lorsqu'on est de la même cité. — Enfin les liens du rang sont les plus immédiats ; c'est la société ramenée de son immensité à un point [1]. » « Il est rare, dit M. Bouglé, qu'un individu ne ressortisse qu'à une société. Peut-être trouverait-on en remontant jusqu'au Déluge, un membre de tribu qui ne serait que membre de sa tribu, sans plus ; mais le progrès de la civilisation multiplie les groupes dont les individus dépendent, et il semble que plus on est civilisé, plus on compte de ces dépendances. De combien de sociétés un homme du monde ne fait-il pas partie, depuis l'Église dont il est un fidèle, jusqu'à la société d'émulation dont il est le secrétaire, depuis la famille dont il est le père, jusqu'à l'armée dont il est un soldat [2]? »

Chacun de ces cercles sociaux, impose à l'individu des devoirs particuliers. Qui ne voit qu'il peut y avoir conflit entre ces devoirs? La complexité de la vie sociale a son retentissement dans la vie morale de l'individu. L'étude de ces rapports multiples et des conflits moraux qui peuvent en résulter est un des objets les plus intéressants de la psychologie sociale.

Il est important de ne pas perdre de vue en sociologie cet enchevêtrement des relations sociales, afin de ne pas être dupe de cette expression : la société. A vrai dire, il n'y a pas *la société*, mais *des sociétés*.

Il est utile également ici de distinguer deux termes fréquemment employés l'un pour l'autre : la Société et l'État.

1. Cicéron, *De Officiis*, I, § XVII.
2. Bouglé, *Qu'est-ce que la Sociologie?* (*Revue de Paris*, 1er août 1897).

L'expression *société* est, semble-t-il, plus large que celle d'*État*. La société est un cercle social plus vaste que l'État, qui comprend des rapports exclusivement politiques. Au contraire, le mot *société* désigne un *complexus* d'intéractions sociales de toute espèce, économiques, juridiques, religieuses, morales, etc.

Une seconde différence, c'est que le mot *État* désigne plutôt un pouvoir coercitif, tandis que l'idée de société répondrait à celle d'une organisation et d'une croissance sociale spontanée. « L'État, dit M. S. Balicki, c'est la société unifiée dans une cohérence forcée[1]. » « Le mot *société*, dit le même auteur, répond à une formation consolidée par une longue pratique de solidarité sociale et libre en même temps de toute ingérence imposée du dehors[2]. »

Une autre différence sur laquelle ont insisté beaucoup d'écrivains politiques, c'est que l'on peut opposer l'État à la société comme on oppose la raison à l'instinct. Plusieurs auteurs (de Laveleye, par exemple) voient dans l'État une norme rationnelle supérieure qui s'impose aux activités sociales, inconscientes et instinctives, en vue de les discipliner et de les perfectionner. Toutes les définitions de l'État, depuis celle de Platon jusqu'à celle de Hegel, expriment cet élément rationnel inhérent à la fonction étataire. L'État apparaît ainsi comme la raison, le λόγος de la société, comme la formule idéale d'un code social destiné à discipliner les sourdes forces sociales qui s'agitent dans le domaine de l'inconscient et de l'irrationnel.

En d'autres termes, l'État serait une Idée rationnelle. *Der Staat ist eine geäusserte, der Realität eingebildete Idee eines Volkes*[3].

1. S. Balicki, *L'État comme organisation coercitive de la Société*, p. 28.
2. Balicki, *op. cit.*, p. 21.
3. Lazarus et Steinthal, *Jahrschrift fur Volkerpsychologie* (Einlentenden Gedanken, p. 10).

Une conséquence de cette distinction est qu'au point de vue moral, le problème de l'antinomie de l'individu et de la société est tout autre que le problème soulevé par l'antinomie de l'individu et de l'État. Le second problème, qui est celui qu'a essayé de résoudre H. Spencer, dans son livre *l'Individu contre l'État*, n'est qu'un jeu d'enfant auprès du problème autrement complexe qui se pose entre l'individu et la société. Car, il peut y avoir, et il y a, en effet, des tyrannies sociales (mœurs, coutumes, opinion publique, préjugés oppressifs, esprit grégaire), comme il peut y avoir des tyrannies étataires. Et cela est si vrai que l'individu, ayant à souffrir des iniquités et tyrannies sociales, a plus d'une fois cherché dans l'intervention de l'État un remède à ses maux et en a appelé des injustices de la société à la justice supérieure de l'État. Nous ne recherchons pas, en ce moment, si ces appels de l'individu à l'autorité de l'État ont atteint leur but et dans quelle mesure. Nous ne nous interrogeons pas sur la légitimité et l'efficacité des interventions étataires; nous ne nous demandons pas si la part de l'État doit augmenter ou diminuer avec le progrès de la civilisation. Nous ne voulons ici qu'établir une distinction nette entre les deux concepts d'État et de société. La sociologie doit tenir grand compte de cette distinction: car elle a pour objet non l'État, — objet de la politique, — mais la société. « L'abolition des privilèges et de la réglementation gouvernementale, dit M. Balicki, a mis à découvert une formation sociale indépendante qui s'abritait jusqu'alors sous l'aile tutélaire de l'État. La science ne tarda pas à relever son importance. Nous voulons parler de la société (*Burgerliche Gesellschaft*) dont la notion commune commence à percer à la fin du siècle passé[1]. »

1. Balicki. *L'État comme organisation coercitive de la Société.*

CHAPITRE VI

DIVISIONS DE LA SOCIOLOGIE. — LE PROBLEME DE LA CLASSIFICATION

Les sociétés se forment, se maintiennent, évoluent et se transforment; enfin se désagrègent et disparaissent. De là les quatre divisions naturelles de la sociologie. Il faut étudier successivement : 1° comment les sociétés se forment; 2° comment elles se maintiennent; 3° comment elles évoluent; 4° comment elles se désagrègent et meurent. Avant d'étudier la formation et l'évolution des sociétés, nous devons dire un mot du problème de la classification en sociologie.

Il serait excessif de faire de la Sociologie, comme certains, une science purement classifiante. Dans aucune science la classification ne peut suffire. Mais, dans toutes, elle est indispensable. Elle l'est surtout dans les sciences qui, comme la Sociologie, en sont à leurs débuts. M. Worms voudrait ajourner toute classification en sociologie jusqu'à ce que les vrais rapports sociaux nous fussent mieux connus[1]. Nous serions plutôt de l'avis de M. Steinmetz, qui croit que c'est la classification seule qui rendra possibles et fertiles les recherches sociologiques[2].

Les classifications sociologiques sont nombreuses, et

1. Worms, *Organisme et Société*, p. 285.
2. Dans ce chapitre, nous nous sommes inspirés, pour l'historique des classifications, de la substantielle étude de M. Steinmetz : *Classification des types sociaux* (*Année sociologique*, 1898-1899. Paris, F. Alcan).

nous devons essayer de les ramener à quelques groupes essentiels. Nous distinguerons ainsi : 1° les classifications morphologiques; 2° les classifications économiques; 3° les classifications géographico-ethnographiques; 4° les classifications psychologiques. Les classifications morphologiques sont caractérisées par l'importance fondamentale attribuée au fait de la différenciation.

La première de ces classifications est celle de Spencer. Il divise les sociétés d'après leur degré de complication (intégration) et de différenciation. La différenciation croissante n'est d'ailleurs qu'un corollaire de la complication croissante. Sur ce principe, Spencer constitue quatre classes de sociétés : sociétés simples, sociétés simplement composées, sociétés doublement composées, sociétés triplement composées. Ailleurs, Spencer propose une autre classification : la division en sociétés militaires et industrielles, les premières caractérisées par la coopération forcée, les secondes par la coopération volontaire (compulsory cooperation, voluntary cooperation).

On ne voit pas suffisamment peut-être comment cette dernière classification cadre avec la première. De plus, on peut se demander si le militarisme ou l'industrialisme d'une société sont bien propres à servir de base à une classification. « Ce caractère, remarque M. Steinmetz, n'est pas très stable ; les États-Unis nous semblaient l'État le moins militariste du monde, et pourtant la manière dont ils se sont emparés des colonies espagnoles a révélé chez eux un militarisme extrême, révélation dont le sens a été encore accentué par la tentative qu'ils ont faite pour supprimer la liberté des Philippines. » « Nous ne connaissons jusqu'ici, continue plus loin M. Steinmetz, aucun peuple civilisé qui ne soit plus ou moins militaire[1]. » Le caractère

1. Steinmetz. *Classification des types sociaux* (*Année sociologique*, 1898-99, p. 90.

industriel ou militaire d'une société ne peut donc fournir un principe de division.

Quant à la division fondée sur la complication et la différenciation des sociétés, elle offre un principe plus exact et plus essentiel. Aussi se retrouve-t-elle, plus ou moins modifiée, dans les classifications de M. Durckheim et de M. Giddings.

M. Durckheim abandonne à bon droit la distinction en sociétés militaires et industrielles. Il admet la division d'après le degré de composition. Il distingue ainsi dans les sociétés deux formes de solidarité : la solidarité *mécanique* et la solidarité *organique*. La première résulte des similitudes, l'autre de la division du travail. Les sociétés du premier type sont des sociétés non différenciées, dont les éléments ressemblent aux cellules homogènes des organismes primitifs ; les secondes sont des sociétés différenciées, dans lesquelles les éléments spécialisés pour des fonctions différentes ressemblent plutôt à des organes hétérogènes. — M. Durckheim remarque de plus que la solidarité mécanique est en raison inverse, la solidarité organique en raison directe de la personnalité individuelle (Durkheim, *Division du travail social*, ch. III).

La division de M. Giddings ressemble beaucoup à celle de M. Durckheim. — Elle distingue deux types de société : la *composition* et la *constitution* sociale qui répondent à peu près aux deux solidarités de M. Durckheim. Une différence toutefois est à noter : M. Giddings ne conçoit pas de la même façon que M. Durckheim les rapports des individus à l'intérieur du groupe dans les deux systèmes de société. Il croit que les individus sont *plus dissemblables* à l'intérieur des groupes qui font partie d'une société composée (solidarité mécanique) *plus semblables* à l'intérieur des groupes qui font partie d'une société constituée (solidarité organique). Les faits semblent donner raison à M. Durckheim contre M. Giddings. Car il est incontestable que le progrès de la civilisation, correspondant à la substitution des sociétés constituées aux sociétés composées, a partout eu pour résultat de différencier les individus eux-mêmes[1].

Les classifications économiques sont fondées sur l'organisation économique des sociétés. Citons ici la classification d'Hildebrand fondée sur le mode de distribution des produits : 1° organisation économique marquée par l'échange naturel (*Naturalwirthschaft*); 2° celle que caractérise l'usage de la monnaie (*Geldwirthschaft*); 3° enfin celle où le crédit domine et pénètre toutes les relations économiques (*Creditwirthschaft*).

M. Karl Bucher, professeur à l'Université de Leipzig, distingue quatre phases économiques, d'après l'organisation générale de la vie économique : 1° la phase dans laquelle la vie économique était caractérisée par la recherche individuelle de la subsistance[2]; la seconde phase est celle de la *geschlossene Hauswirthschaft*, où chaque famille au sens le plus large forme un ménage tout à fait séparé de ceux des autres et pourvoit elle-même à ses besoins; la troisième phase serait celle de l'économie communale (*Stadtwirthschaft*) à laquelle aurait appartenu surtout notre moyen âge. Enfin, la quatrième et dernière phase est celle de l'Économie nationale (*Volkswirthschaft*), où les produits passent par plusieurs mains avant d'arriver au consommateur. Avant de quitter le domaine des classifications économiques, mentionnons la division de Grosse et de Hahn fondée sur le développement de la technique.

Les auteurs des classifications géographico-ethnographiques croient pouvoir distinguer des domaines séparés où un seul principe de civilisation domine. On

1. Voir sur ce point Bouglé, *Analyse de Giddings* (*Année sociologique*, 1896-97).
2. Point contesté par M. Steinmetz.

détermine ainsi des zones définies de civilisation. Ratzel insiste surtout sur l'influence du milieu géographique dans la formation de ces zones.

Les classifications psychologiques ont pour type la classification de Comte, qui croit pouvoir déduire tous les changements sociaux de la loi de développement des états successifs de l'esprit humain (loi des trois états). Cette conception est diamétralement opposée à celle de Marx, qui regarde le processus économique comme la base de tous les autres[1]. Au contraire, d'après Comte, la conception du monde, à un moment donné, met son empreinte sur tous les autres faits sociaux. M. Steinmetz se place aussi au point de vue psychologique pour classer les types sociaux. Il distingue les sociétés humaines en quatre embranchements, selon le caractère prédominant de leur vie intellectuelle.

Le premier embranchement est celui qu'on pourrait appeler en allemand celui des *Urmenschen* (hommes primitifs). « Il faut entendre par là des êtres qui ne pensent pas d'une manière bien différente des bêtes, qui ne se forment pas d'idées sur les choses inconnues, des matérialistes purs, des positivistes comme il n'y en a plus. Ce n'est pas la religion seule qui leur manque, mais aussi l'idée d'âme, d'esprit, de fétiches ; ils n'ont pas encore conçu l'animisme. Peut-être y a-t-il encore des traces de cette phase. En général, elle est préhistorique et par là hypothétique. Mais inévitablement elle doit avoir précédé la seconde » (Steinmetz). Le second embranchement est celui des sauvages ou des sociétés primitives. Le type dominant de leur vie

1. Ce point de vue matérialiste est aussi développé par M. de Greef, d'après lequel les formes économiques soutiennent les formes familiales qui précèdent les formes artistiques et les institutions scientifiques ; au sommet de l'échelle apparaissent les formes sociales les plus complexes : morales, juridiques et politiques.

intellectuelle est marqué par la naïveté[1]; ils ne pensent que par association. Ces hommes n'ont pas encore besoin de système dans leurs conceptions; leur force intellectuelle est trop faible pour un tel effort.

Dans le troisième embranchement apparaît l'aptitude à systématiser et à unifier les idées. Les premières mythologies, théogonies, cosmologies, poèmes philosophiques apparaissent. Mais l'esprit humain n'est pas libre encore.

Dès la Renaissance et le XVIe siècle, le quatrième embranchement prend naissance. Il est caractérisé par la libre critique, l'attitude méthodique et scientifique envers le monde entier. Une morale humanitaire, des réformes sociales méthodiques et point spasmodiques, des progrès scientifiques réguliers sont l'effet nécessaire de ce développement de l'intelligence.

Après la classification de M. Steinmetz, nous pourrions mentionner plusieurs classifications psychologiques proposées par des sociologues contemporains. Ce genre de classification fondée sur les différences de mentalité des sociétés tend à prévaloir de plus en plus de nos jours, ce qui confirme ce que nous avons dit plus haut de l'orientation nettement psychologique que prend la Sociologie.

1. Carlyle a marqué en traits d'une admirable poésie cette naïveté de l'intuition chez les premiers hommes : « L'homme se tenait nu devant le monde face à face; tout était divin ou Dieu. Jean-Paul encore le trouve ainsi, le géant Jean-Paul qui a le pouvoir de s'échapper des ouï-dire; mais il n'y avait alors nuls ouï-dire. Canope brillait d'en haut sur tout le désert avec sa splendeur bleue de diamant. Cette sauvage splendeur bleue pareille à un esprit (de beaucoup plus splendide que rien de ce que nous contemplons jamais ici-bas) perçait jusqu'au fond du cœur du sauvage Ismaélite qu'elle guidait à travers le désert solitaire. A son cœur sauvage qui contenait tous les sentiments, qui n'avait de parole pour aucun sentiment, elle pouvait sembler un petit œil, cette Canope, jetant sur lui son regard du sein de la grande et profonde Éternité, lui révélant l'intérieure splendeur... Tel est pour moi le secret de toutes les formes du Paganisme » (Carlyle, *Le Héros et l'Héroïque dans l'Histoire*, trad. Izoulet, p. 14).

Nous dirons un mot seulement de la classification de MM. Sighele et Bagehot et de celle de Nietzche. M. Sighele, dans son livre: *La Psychologie des Sectes*, distingue deux types de civilisation : la civilisation reposant sur la violence et la civilisation reposant sur le dol. A la civilisation du premier type appartiennent ou ont appartenu la Corse, une partie de la Sardaigne, le Montenegro, les villes italiennes du moyen âge et en général presque toutes les civilisations primitives. A la seconde, au contraire, appartiennent tous les peuples civilisés modernes, c'est-à-dire ceux dont le régime capitaliste bourgeois a entièrement envahi toutes les parties de l'organisme. A ces deux types de civilisation répondent deux types distincts de criminalité : *la criminalité atavique*, retour de certains individus à des moyens violents dans la lutte pour la vie, moyens supprimés désormais par la civilisation : l'homicide, le vol et le viol ; et la *criminalité évolutive* qui est également perverse et qui l'est peut-être davantage en intention, mais qui est beaucoup plus civile dans ses moyens, puisqu'elle a substitué à la force et à la violence l'astuce et le dol[1].

M. Bagehot, dans son livre : *Les Lois scientifiques du développement des nations*, distingue deux âges dans l'évolution historique des sociétés : l'âge de la *contrainte* et l'âge de la *libre discussion*. Il regarde le régime de la discussion comme l'organe essentiel du perfectionnement du genre humain[2].

Nous terminerons la revue de ces essais de classification par la célèbre distinction nietzchéenne qui a soulevé et soulèvera encore tant de débats. Nietzche distingue les sociétés où domine la morale des Esclaves et celle où domine la morale des Maîtres. La première morale est caractérisée par le triomphe de l'Esprit

1. Voir Sighele, *Psychologie des Sectes*, p. 14.
2. Voir Bagehot, *Lois scientifiques du développement des nations* (Paris, F. Alcan), p. 195.

grégaire, par la lâcheté et la férocité collectives, par l'asservissement veule de l'Individu aux volontés grégaires, par la défiance des supériorités, par la compassion hypocrite pour les faibles et les petits. — La morale des Maîtres est caractérisée par l'indépendance de l'esprit et du cœur, par l'attitude héroïque et dédaigneuse de la souffrance de soi-même et des autres. La morale d'Esclaves est dupe de l'Illusion du Progrès et se berce de je ne sais quel rêve d'avenir humanitaire qui ne serait en réalité que l'universel asservissement. La morale des Maitres a le culte du Passé, de la Vieillesse et de la Tradition. Elle veut développer dans le Présent la Volonté de Puissance de l'Individu, dédaigneuse des promesses et des rêves de l'Avenir[1]. — Nietzche identifie les sociétés fondées sur la Morale d'Esclaves avec les sociétés démocratiques et les sociétés fondées sur la Morale des Maîtres avec les sociétés aristocratiques. A notre avis, Nietzche a eu raison de diriger ses sarcasmes méprisants contre l'Esprit grégaire, cet esprit de lâcheté et de cruauté collectives, dont il reste trop de traces dans nos sociétés. Il a le mérite d'avoir été un de ces généreux esprits qui, de nos jours, ont élevé contre l'Esprit grégaire la protestation de l'Individualisme et qui diraient volontiers avec un héros d'Ibsen : « L'homme le plus puissant est celui qui est le plus seul. »

Mais Nietzche a eu le tort de confondre ici l'Esprit grégaire et l'Esprit démocratique. L'Esprit démocratique n'a précisément, à notre avis, d'autre raison d'être que d'être une affirmation de l'Individualisme en face des tyrannies grégaires. En effet, l'Esprit grégaire n'est-il pas au fond de tous les préjugés stupides ou féroces qui déshonorent encore notre morale sociale et contre lesquels lutte précisément l'Esprit démocra-

1. Voir sur la distinction de la Morale des Maîtres et de la Morale des Esclaves, Nietzche, *Par delà le Bien et le Mal*, ch. IX. *Qu'est-ce qui est noble?* Ed. du *Mercure*, p. 219.

tique? — Les prétendus Maitres n'ont-ils pas aussi leur esprit grégaire, qui s'appellera ici l'Honneur de Caste, là l'Esprit de Corps. Esprit de Corps ou Esprit de Caste, peu importe, ce ne sont là que des manifestations d'un égoïsme collectif essentiellement grégaire et anti-invidualiste.

On s'étonne que le puissant esprit de Nietzche ait établi une confusion de cette nature, grosse de conséquences sociales et qui, par un singulier malentendu, permettrait aux défenseurs des tyrannies grégaires du Passé de regarder Nietzche, ce génial individualiste, comme un des leurs.

LIVRE II

COMMENT LES SOCIÉTÉS SE FORMENT

CHAPITRE PREMIER

EXAMEN DES THÉORIES SUR LE PRINCIPE GÉNÉRATEUR DES SOCIÉTÉS

« La formation des sociétés, » tel est le sujet du premier chapitre de la *Politique* d'Aristote, dans lequel le philosophe expose la genèse de la famille et de l'État. On sait que d'après lui la société est d'origine naturelle, qu'elle est l'effet d'un instinct de l'homme : l'instinct social. « L'homme est par nature un animal politique. »

Mais constater la présence de cet instinct dans l'homme n'est pas expliquer la formation des sociétés. Il faut encore montrer suivant quelles lois agit cet instinct social.

Depuis longtemps les sociologues ont été amenés à se poser cette question capitale : Quel est le phénomène générateur des sociétés humaines ?

De même que Descartes croyait pouvoir trouver dans le mouvement le fait général susceptible d'engendrer tous les phénomènes de l'univers matériel, les sociologues ont cru pouvoir découvrir le phénomène social élémentaire. « Donnez-moi de la matière et du mouvement et je créerai le monde, » disait Descartes. Donnez-moi, disent les sociologues, telle relation ou intéraction sociale élémentaire et je construirai le monde social. — Le fait générateur choisi varie avec les différents théoriciens; mais la méthode suivie reste la même. Les facteurs invoqués sont de nature très diverse : physiques, physiologiques, économiques, psychologiques.

En voici l'énumération dans l'ordre où nous allons les examiner : 1° La Race; 2° Le Milieu physique et géographique ; 3° La Symbiose ou solidarité organique (Izoulet); 4° La Socialité ou Psychisme social (De Roberty); 5° L'Adaptation (Spencer); 6° L'Intérêt de l'Espèce et le Grégarisme (Ammon); 7° L'Évolution économique (Loria et Marx) ; 8° Le nombre, la densité et la mobilité de la population (Bouglé); 9° La conscience d'Espèce (Giddings); 10° Le Contrat (Rousseau); 11° L'Imitation (Tarde); 12° La Synergie (H. Mazel).

En allant de l'extérieur à l'intérieur, nous trouvons d'abord les théories qui invoquent la Race et le Milieu géographique.

La théorie fondée sur le facteur Race est difficilement acceptable. D'après le comte de Gobineau[1], le seul facteur générateur des sociétés est la Race. Il n'y a d'autre facteur dans l'histoire du monde que la pureté ou le mélange des races ou, pour prendre une expression plus caractéristique, la chimie des races. L'homme primitif (*Urmensch*) que Gobineau nomme adamite nous est absolument inconnu. Une période secondaire dans l'histoire de l'humanité est celle qui est caractérisée par la distinction des trois races différenciées et permanentes, la blanche, la jaune et la noire. Une troisième division s'est produite par la formation de

1. Cte de Gobineau, *Essai sur l'inégalité des races humaines*

grandes variétés au sein de ces trois grandes races, et enfin en quatrième lieu il faut distinguer des formations de types résultant de la combinaison plus ou moins simple ou complexe de ces grandes races. L'histoire n'a guère affaire qu'aux formations du quatrième degré. Aussi longtemps que la race demeure pure, la mentalité constitutive des membres d'un peuple reste uniforme et immuable. Le mélange des éléments ethniques d'un peuple avec des éléments étrangers constitue la dégénération de ce peuple. Le mélange des sangs (panmixie) engendre la diversité des idées et des croyances, l'apparition des théories révolutionnaires et enfin la ruine de la société altérée par des éléments étrangers[1]. En un mot, ce qui réunit les hommes e fonde les sociétés, d'après Gobineau, c'est la communauté du sang.

Cette théorie a été critiquée par de nombreux sociologues, notamment MM. Manouvrier et Bouglé. — L'expérience et l'histoire déposent contre la théorie de Gobineau.

Dès les temps très anciens la pureté de race est un mythe. « Quelle que fût la prétention du monde antique à la pureté du sang, cette pureté existait bien rarement, dit M. Bagehot. La plupart des nations historiques ont vaincu des nations préhistoriques; mais quoique elles aient massacré une multitude de vaincus, elles ne les ont pas massacrés tous. On réduisait en esclavage les hommes de la race soumise et l'on épousait les femmes[2]. »

Si dans l'antiquité, en Grèce, à Rome et dans l'Inde, a communauté du sang a été souvent une fiction, que lire de l'histoire moderne et des unités nationales qui a couronnent? Ces unités nationales ne sont souvent

1. Nous résumons la théorie de Gobineau d'après Barth, *Philosophie der Geschichte*, p. 237.
2. Bagehot, *Lois scientifiques du développement des nations*, p. 74.

que des mosaïques de races variées. Plus l'histoire avance, plus les races s'entremêlent dans la formation des groupes sociaux[1].

La Sociologie ne peut s'absorber dans la philosophie des races. Les formes sociales que certains regardent comme l'effet des différences ethniques sont souvent un facteur important des différences ethniques elles-mêmes. Tel ou tel peuple semble présenter tels caractères psychologiques ou moraux. Mais ces traits distinctifs tiennent plutôt aux milieux qu'il a traversés, aux formes sociales qu'il a subies, bref, à l'ensemble de son évolution sociologique qu'aux conformations anatomiques.

Concluons que la philosophie des races n'est au fond qu'un fatalisme historique, un mysticisme ou réalisme social qui ne résout aucun problème.

La théorie des sociologues (Ratzel) qui regardent le milieu géographique comme le facteur essentiel dans la formation des sociétés n'est guère plus satisfaisante. Le cadre n'explique ni l'action qui s'y déroule, ni le caractère des acteurs. De plus, comme le climat et le milieu géographique ne sont ici intéressants que comme facteurs générateurs ou modificateurs de la Race, la théorie de Ratzel se ramène au fond à celle des anthropologues ou ethnologues.

Les théories qui vont suivre ont un caractère biologique plus ou moins accentué. Elles expliquent la vie sociale au moyen de certaines actions d'ordre organique et qui formeraient une sorte de trait d'union entre les actions purement physiques et les actions psychiques. D'après M. Izoulet, le phénomène générateur des sociétés est la *symbiose* ou solidarité organique. Toute société repose sur la division du travail et la coopération, qui sont les deux faces de la solidarité.

1. Voir Bouglé, *Pour la Démocratie française* (Paris, Cornély). Philosophie de l'Antisémitisme.

Par une vertu singulière, la solidarité est créatrice des énergies solidarisées. « L'âme est fille de la cité. » Il y aurait à faire de fortes réserves sur les vertus sociales de la solidarité ainsi que sur la formule : « L'âme est fille de la cité. »

Examinons d'abord cette dernière. — Il faut distinguer, quand on examine les rapports de l'individu et de la cité, deux points de vue : le point de vue dynamique et le point de vue statique.

En se plaçant au point de vue *dynamique*, c'est-à-dire au point de vue de l'Évolution sociale envisagée dans la série de ses époques successives, il est hors de doute que l'individu contemporain peut être regardé comme la résultante des progrès sociaux antérieurement accomplis. L'éducation qu'il reçoit, la morale qui lui est inculquée, le bien-être économique dont il profite, la culture scientifique et artistique à laquelle il participe, tout cela s'est fait avant lui et sans lui. — Mais il ne faut pas oublier non plus que tout ce progrès a été en définitive l'œuvre d'initiatives individuelles, celles des grands inventeurs en tous genres, et non celle de la seule symbiose.

Celle-ci a pu préparer un terrain plus fertile et mieux disposé, où les initiateurs ont pu faire germer plus facilement la semence qu'ils apportaient ; elle a pu faciliter l'éclosion du germe fécond, mais elle n'a pas produit par elle seule l'initiative créatrice.

Si maintenant on envisage la question au point de vue *statique*, c'est-à-dire au point de vue des rapports de l'Individu avec la société ou le complexus des sociétés actuelles dont il fait partie, la formule : « L'âme est fille de la cité » apparait comme tout à fait insoutenable. M. Izoulet croit que l'individu, comme être intellectuel et moral, est entièrement subordonné à cette société et qu'il lui doit tout. Mais il ne faut pas oublier que la cité formée par nos contemporains est un complexus de tendances très diverses et souvent contradictoires : les unes progressives et les autres régressives, les unes tyranniques et les autres émancipatrices, etc. — Peut-on dire que l'individu n'est que la résultante et le reflet de l'ambiance sociale, alors que c'est à lui de choisir entre ces tendances diverses, de les juger, parfois de les condamner et de s'élever au-dessus d'elles ?

La mentalité de Socrate était autre chose qu'un reflet de la mentalité athénienne, puisqu'il y eut conflit entre les deux mentalités ! Si l'on admet la formule de M. Izoulet, il faut faire cette réserve que « l'âme » est souvent une fille révoltée, et légitimement révoltée contre sa mère. La mentalité des individus est souvent supérieure au point de vue intellectuel et moral à celle de la moyenne ambiante. L'individu qui appartient à plusieurs cercles sociaux parfois opposés peut comparer les idéaux de ces cercles divers, les juger, les dépasser et en tirer par la réflexion un idéal supérieur. L'âme qui est « la fille de la cité », c'est l'âme grégaire, cette âme imprégnée du lourd égoïsme et de l'étroit exclusivisme des primitives collectivités. Car le rapprochement des hommes fait prédominer en eux les traits les plus anciens et les plus stables de leur nature atavique : ceux de la mentalité grégaire. M. Sighele a très clairement élucidé cette discussion dans son livre la *Psychologie des sectes* : « Au point de vue *dynamique*, dit-il, c'est-à-dire eu égard à son évolution dans le temps, c'est un axiome de dire que plus l'association entre les individus se développe, plus la morale fait de progrès... Mais lorsque les hommes sont réunis *statiquement* (foules, jurys, corps constitués, assemblées) leur niveau intellectuel et moral, au lieu de s'élever s'abaisse[1]. »

Les agents du progrès social sont les intelligences isolées qui méditent loin des influences grégaires les

1. Sighele, *La Psychologie des Sectes*, p. 155 et 156.

vérités découvertes par les grands esprits qui les ont précédés et qui s'efforcent d'en faire sortir d'autres à leur tour. M. Izoulet a lui-même reconnu ce qu'il y a d'exagéré dans sa formule : « L'âme est la fille de la cité. » Au prix d'une inconséquence, il reconnaît l'importance du facteur individu. « La raison, dit-il, construit la cité et la cité construit la raison, c'est un consensus. Organe et fonction s'entrecréent. La *raison est à la fois, j'ose le dire, mère et fille de la cité*[1]. » Le cercle vicieux est manifeste ; car il faut bien que l'un des termes soit antérieur à l'autre.

D'une manière générale, il y aurait, comme nous l'avons dit, de fortes réserves à faire sur le rôle social de la solidarité ! — De nos jours, on parle de tous côtés de la solidarité, et on voit en elle le principe par excellence des sociétés, la panacée de tous les maux, la mère de tous les biens. — Il faudrait en rabattre.

La solidarité est au fond un égoïsme à plusieurs, et l'égoïsme collectif est souvent, tout comme l'égoïsme individuel, cupide et féroce, intrigant et menteur ; bien plus, il a une tendance à exagérer encore et à intensifier dans des proportions inconnues de l'égoïsme individuel ces dispositions qu'on déclare immorales e antisociales chez l'individu mais qu'on déclare morales et respectables chez une collectivité, comme si les égoïsmes en s'agglomérant, devenaient sacro-saints. On sait assez les effets déprimants exercés sur l'intelligence et la volonté des individus par ces formes de solidarité : la camaraderie, l'esprit de corps[2], l'esprit de coterie, l'esprit de chapelle, etc. On sait comment ces associations diminuent le sentiment de la responsabilité personnelle et renforcent celui de l'impunité et de la cruauté collectives. Si c'est de cette façon que la solidarité est « mère des âmes », les âmes qu'elle pro-

1. Izoulet, *La Cité moderne*, p. 208 (Paris, F. Alcan).
2. Voir notre article *L'Esprit de Corps* (*Revue philosophique*, août 1899).

duit sont souvent, il faut le reconnaître, peu esthétiques; elles donneraient une triste impression à l'artiste épris de beauté ou simplement au moraliste épris de sincérité et de noblesse. M. Sighele a laissé peu de chose à dire sur ce point. Il insiste souvent sur cette vérité que « toute réunion, tout groupe d'hommes est moralement et intellectuellement inférieur aux éléments qui la composent[1] ». Ailleurs, il déclare que « les nombreuses réunions d'hommes ravalent toujours, par une loi fatale de psychologie collective, la valeur intellectuelle de la décision à prendre ». — Après Schopenhauer, Maupassant et Ibsen, il parle des avantages de la solitude, — libératrice et féconde, — qui nous soustrait aux hypocrisies et aux lâchetés de l'âme grégaire.

Mais, dira-t-on, toutes les solidarités ne sont pas menteuses et oppressives. Il peut y en avoir de désintéressées. Si les hommes s'unissent pour entretenir des mensonges qui leur sont utiles, ils peuvent aussi s'unir pour chercher et répandre ensemble la vérité. Soit. Mais M. Izoulet ne fait pas cette distinction. Pour lui, la solidarité est essentiellement bonne et bienfaisante. Elle est bonne par le fait qu'elle est solidarité. C'est là un optimisme social que nous ne saurions partager. Nous sommes plutôt de l'avis de Nietzche, qui a admirablement décrit l'âme grégaire fille de la solidarité. « Tant que l'utilité dominante dans les appréciations de valeur morale est seule l'utilité de troupeau, tant que le regard est uniquement tourné vers le maintien de la communauté, que l'immoralité est exactement, exclusivement cherchée dans ce qui paraît dangereux à l'existence de la communauté, il ne pourra pas y avoir de morale altruiste. Admettons qu'il se trouve là aussi déjà un constant petit exercice d'égards, de pitié, d'équité, de douceur, de réciprocité et d'aide

1. Sighele, *Psychologie des Sectes*, p. 221.

mutuelle; admettons que déjà dans cet état de la société agissent tous ces instincts que l'on honore plus tard du nom de « vertus » et que l'on finit par identifier presque avec l'idée de « moralité »: à cette époque, ils n'appartiennent pas encore au domaine des appréciations morales, il sont encore *en dehors de la morale*. Un acte de pitié par exemple, à l'époque florissante des Romains, n'est qualifié ni de bon, ni de mauvais, ni de moral, ni d'immoral: et, si même on le loue, cet éloge s'accordera au mieux avec une sorte de dépréciation involontaire, dès qu'on compare avec lui un acte servant au progrès du bien public, de la *res publica*... L'instinct de troupeau tire pas à pas ses conséquences. Quelle quantité de danger pour la communauté et pour l'égalité contient une opinion, un état, un sentiment, une volonté, une prédisposition, voilà qui est la perspective morale : là encore la crainte est mère de la morale. Ce sont les instincts les plus hauts, les plus forts, quand ils se manifestent avec emportement, qui poussent l'individu en dehors et bien au-dessus de la moyenne et des bas fonds de la conscience du troupeau, qui font périr la notion de suprématie de la communauté et détruisent sa croyance en soi, en quelque sorte son épine dorsale; ce seront ces instincts que l'on flétrira et que l'on calomniera le plus. L'intellectualité haute et indépendante, la volonté de solitude, la grande raison semblent déjà des dangers; tout ce qui élève l'individu au-dessus du troupeau, tout ce qui fait peur au prochain s'appelle dès lors *méchant;* l'esprit tolérant, modeste, soumis, égalitaire, ayant des désirs *mesurés* et *médiocres*, arrive à un renom et à des honneurs moraux[1]. »

Si nous récapitulons le bilan moral de la solidarité, nous voyons qu'il faut se garder de voir en elle le lien

1. Nietzche, *Par delà le Bien et le Mal*, § 201. Édition du *Mercure de France*, p. 120

social idéal. Il y a en elle plus d'égoïsme que d'altruisme, plus de crainte que de force. Elle est plus souvent un principe de servitude que de libération.

Elle favorise l'esprit moutonnier et l'intelligence « vulpine » au détriment de l'intelligence vraiment humaine, elle engendre et conserve les mensonges de groupe et perpétue les fausses élites : elle anéantit le plus souvent la vraie force sous l'effort des médiocrites bien embrigadées, comme les Lilliputiens enchaînaient Gulliver sous la multitude de leurs minuscules liens. Toutes les fortes individualités, les plus utiles pourtant à la Société, ont eu peu de sympathie pour la solidarité.

L'individualiste Descartes réprouvait à toute promesse par laquelle on retranche quelque chose de sa liberté [1], c'est-à-dire en définitive tout gage donné à la solidarité ambiante.

Concluons qu'il convient de faire les plus grandes réserves sur la solidarité comme principe social. La symbiose ou solidarité organique de M. Isoulet explique la formation des sociétés grégaires fondées sur une coopération inconsciente qui subordonne l'individu au groupe aussi étroitement que l'organisme vivant se subordonne la cellule ; mais elle ne peut expliquer la formation et l'existence de sociétés plus avancées caractérisées par ce que M. Bagehot appelle le « régime de la libre discussion » et par le sentiment de l'indépendance individuelle. Le lien social ne reste pas toujours semblable à lui-même au cours de l'évolution historique. Il tend, semble-t-il, à devenir moins fixe et moins rigide. On peut dire de lui ce que Guyau dit quelque part [2] des sanctions naturelles : c'est une « entrave mobile » qui peut devenir de plus en plus lâche, sans peut-être disparaître jamais complètement.

1. Descartes, *Discours de la Méthode*, 3e partie.
2. Guyau, *Esquisses d'une Morale sans obligation ni sanction* (Paris, F. Alcan).

La théorie de la *Socialité* ou *psychisme social* de M. de Roberty rentre, ainsi que celle de M. Isoulet, dans le groupe des théories biologiques. M. de Roberty est préoccupé de trouver un fait « postérieur et extérieur au fait vital, antérieur et extérieur au fait mental [1] », qui serait l'objet propre de la Sociologie. — Ce fait n'est autre que la *Socialité*, forme de l'énergie universelle, comme les énergies physique, chimique et physiologique.

L'individu social humain est le produit de trois facteurs : 1° l'organisme et en particulier le cerveau, 2° la Socialité, 3° la conscience ou idéalité. — C'est l'union de ces trois facteurs, surtout les deux derniers, qui donne naissance aux manifestations de la vie psychique collective. M. de Roberty croit pouvoir donner par son hypothèse une interprétation de ce fait noté par Sighele que le simple fait de prendre contact, de se tasser, de s'agglomérer tend à abaisser aussi bien le niveau intellectuel que l'étiage moral des unités composant le nouveau groupe, qu'il soit accidentel ou permanent. Ce fait provient de ce que l'individu psychique étant le produit de deux facteurs, le facteur biologique et la socialité, « on rétrograde quand on va du composé à ses parties, soit l'individuel biologique, soit la socialité ». Or, dans les assemblées, c'est la socialité qui agit seule ; la cérébralité individuelle est momentanément abolie. « Dans les foules, dit M. de Roberty, chaque fois qu'elles agissent en véritables foules, il y a toujours, pour ainsi dire, reprise de l'élément primordial (du collectif), et prédominance de ce facteur sur le produit combiné (l'individu social). On s'en aperçoit très vite par des symptômes caractéristiques, tels que le jeu plus libre des instincts sociaux, des passions collectives, et surtout par l'absence de responsabilité. Il en va de

1. E. de Roberty, *Morale et Psychologie* (*Revue philosophique*, octobre 1900).

même à l'égard des corps constitués qui remplacent l'efficace responsabilité personnelle par l'illusoire responsabilité collective ou qui échappent d'une manière ou d'une autre, au contrôle du savoir et de la raison. Et là se trouve aussi peut-être le secret de la supériorité finale des vagues aspirations anarchiques (ou plutôt autarchiques) sur les vagues aspirations collectivistes[1]. »

La théorie de M. de Roberty, si ingénieuse qu'elle soit, ne nous paraît point satisfaisante. — D'abord, elle suppose un monisme moral et social qui ne serait qu'une des faces du monisme universel. Dans ce monisme, les conflits ne seraient que passagers, le conflit entre le psychisme collectif et le psychisme individuel ne pourrait, suivant M. de Roberty, avoir un caractère radical et définitif. — Ce monisme nous semble une pure chimère. Les faits attestent partout dans le monde social l'existence d'irréductibles antinomies. Partout il y a conflits : conflits entre cercles sociaux divers et influences sociales diverses ; mais aussi et surtout conflit entre le psychisme collectif et le psychisme individuel, conflit qui au lieu de s'atténuer, semble plutôt s'accentuer avec la marche de la civilisation. Ce conflit est irréductible. Il tient à la nature du psychisme collectif qui est par essence ami du conformisme et hostile à la diversité individuelle. — D'autre part, cette diversité est irréductible. On n'empêchera pas que chaque individu humain ne soit, suivant la pensée de Leibnitz, un point de vue absolument spécial et original ouvert sur le monde social ; on n'empêchera pas qu'il se distingue des autres *moi* et de l'anonyme socialité ambiante. D'ailleurs, suivant la remarque de M. Sighele, la conscience de l'Individu représente un degré de clarté très supérieur chez certains à l'obscure conscience

1. E. de Roberty, *Morale et Psychologie* (*Revue philosophique,* octobre 1900).

sociale. Celle-ci a beau être oppressive, elle ne réduira pas l'originalité individuelle. Chaque cérébralité individuelle a sa façon de comprendre le processus social antérieur et ambiant, de le résumer et de le dépasser.

Suivant nous, ces centres de force psychique que sont les individus ne se fondront jamais dans l'harmonie amorphe de « la socialité ».

Il y a d'autres points faibles dans la théorie de M. de Roberty. Qu'entend-il au juste par cette « socialité », véritable objet, suivant lui, de la Sociologie?

Cette socialité ressemble fort à une entité. Définir le psychisme individuel en fonction du psychisme collectif, c'est définir *obscurum per obscurius*. Quand M. de Roberty veut donner une idée un peu claire de sa « socialité », il est forcé de l'exprimer en termes empruntés à la psychologie individuelle.

Herbert Spencer est moniste comme M. de Roberty. Pour lui, le fait générateur des sociétés est la loi universelle de l'*adaptation*. Spencer définit la vie sociale « une correspondance, une adaptation constante de rapports, les uns internes, les autres externes. Mais il n'admet dans cet ajustement qu'une seule direction, celle qui plie les rapports internes aux rapports externes. L'adaptation interne est absolument subordonnée à l'adaptation externe. Ainsi les antagonismes sociaux, et en particulier le conflit de l'Individu et la collectivité ne peuvent être que passagers. Au fond et au terme des choses se trouve l'harmonie, l'unité.

Nous n'admettons pas plus ce monisme que celui de M. de Roberty et pour les mêmes raisons. Nous croyons, à cause de la diversité — empiriquement donnée — des *moi*, qu'il y aura toujours lutte à quelque égard entre ces *moi*, et que par suite l'adaptation complète du *moi* à son ambiance extérieure est un pur rêve. Spencer croit que les conflits disparaîtront et qu'un jour viendra où l'adaptation intérieure ne sera que le reflet de l'adaptation externe de l'être. D'après nous, l'adaptation interne ne se laissera jamais réduire à l'adaptation externe. Au contraire, il y a souvent antinomie entre ces deux adaptations. L'Individu, surtout quand il est intellectuellement et moralement supérieur n'arrive à l'adaptation interne, — à la paix avec lui-même,—que quand il a lutté contre son milieu; et il a lutté contre son milieu parce qu'il a cru que cela était bon. En ne le faisant pas, il aurait cru mutiler son être; il aurait créé dans son être intime un état de guerre auquel il préfère la guerre avec l'extérieur.

D'ailleurs, quand on parle de l'adaptation au milieu, on simplifie trop la question. Autour de l'individu, il n'y a pas *un* milieu; il y a *des* milieux, des cercles sociaux divers et antagonistes qui s'entrecroisent et luttent les uns contre les autres. — Quel est celui que l'individu choisira pour s'y adapter?

Une seule réponse est possible. C'est celui qui s'adaptera le mieux à ses aspirations intimes, à son individuelle volonté de vie. C'est donc l'intérieur qui est ici le principe de l'adaptation externe. La théorie toute mécanique de H. Spencer est encore fausse en ce qu'elle méconnait absolument l'élément idéologique cet élément qui « surtout en sociologie, comme le remarque M. de Roberty, transforme et modèle la nature au moins autant que la nature le transforme et le modèle lui-même[1] ».

Nietzche a admirablement marqué ce caractère de passivité mécanique inhérent à la sociologie d'H. Spencer. En parlant de Spencer, il s'élève contre « ce mécanisme à l'anglaise qui fait de l'univers une machine stupide[2] ». — « On supprime de plus en plus, dit-il ailleurs, le concept fondamental, celui d'*activité*. On avance la « *faculté d'adaptation* », c'est-à-dire une

1. E. de Roberty, *Les Fondements de l'Éthique*, p. 95 (Paris, F. Alcan).
2. Nietzche, *Par delà le Bien et le Mal*, § 252.

activité de second ordre, une simple « réactivité ». Bien plus, on a défini la vie elle-même : une adaptation intérieure toujours plus efficace à des circonstances extérieures (Herbert Spencer). Mais par là on méconnaît l'essence de la vie, la *Volonté de Puissance ;* on ferme les yeux sur la prééminence fondamentale des forces d'un ordre spontané, agressif, conquérant, usurpant, transformant et qui donne sans cesse de nouvelles exégèses et de nouvelles directions, l'adaptation étant d'abord soumise à leur influence. C'est ainsi que l'on nie la souveraineté des fonctions les plus nobles, fonctions où la volonté de vie se manifeste active et formatrice. On se souvient du reproche adressé par Huxley à Spencer, au sujet de son « nihilisme administratif ». Mais il s'agit là de bien autre chose encore que d'administration[1]. »

On ne sait vraiment pourquoi la philosophie sociale d'H. Spencer se décore du titre d'*Individualisme*. Avec son mécanisme passif, elle est aussi anti-individualiste qu'on peut l'imaginer. — Spencer, il est vrai, veut soustraire l'Individu à la tyrannie de l'État ; mais c'est pour le subordonner plus étroitement aux influences dites naturelles ; le milieu, les mœurs, les coutumes les préjugés de race et d'ambiance sociale, en un mot à l'esprit grégaire.

La philosophie sociale de M. Ammon repose aussi sur le postulat du Monisme. — Le principe mis en avant par ce sociologue est l'idée darwinienne de l'*Intérêt de l'Espèce*, dont l'expression sociale est le compagnonnage animal, le grégarisme ou pécorisme. La morale humaine n'est qu'un degré supérieur de la morale animale. La sociologie humaine n'est encore que du pécorisme.

« Dans beaucoup d'espèces, dit M. Ammon, les individus vivent isolés ; dans d'autres espèces, c'est

1. Nietzche, *La Généalogie de la Morale*, § 12.

l'association qui domine, et la raison en est exclusivement dans les lois naturelles darwiniennes, selon que, dans telles conditions données, l'isolement ou l'association offrent plus d'avantages à l'espèce en question. — Si les animaux prospèrent mieux isolés, ils vivent isolés; si l'association leur offre des avantages, ils vivent associés... Ainsi les bêtes de proie vivent généralement dans l'isolement. Le lion dédaigne la vie grégaire : c'est que la force et l'agilité du lion unies à son coup d'œil lui permettent de surprendre, de saisir et de tuer sa proie tout seul. Au contraire, les herbivores, les éléphants, etc., vivent généralement par troupeaux.

« Leur proie ne fuit pas devant eux et la vie grégaire leur offre le très considérable avantage de les soustraire aux surprises et de leur permettre la défense en commun[1]. » — « La vie sociale dans le règne animal, conclut M. Ammon, représente une institution utilitaire, déterminée par la lutte pour l'existence, développée par la sélection naturelle et conservée par l'hérédité. »

M. Ammon parcourt les divers degrés de la vie sociale animale, jusqu'à la vie sociale humaine, dans laquelle s'accentuent la différenciation et l'individualisation des fonctions, mais qui n'est pourtant, suivant M. Ammon, qu'un prolongement du pécorisme.

La philosophie sociale de M. Ammon ressemble beaucoup à celle de Spencer et le principe spencérien de l'adaptation au milieu y tient aussi une grande place. Nous ne répéterons donc pas les raisons que nous avons invoquées pour montrer l'insuffisance de ce principe.

Il professe de plus comme H. Spencer le monisme et l'optimisme social. Sans doute, il reconnaît qu'il y a lutte contre les individus et entre les sociétés diverses.

1. O. Ammon, *Les Bases naturelles de l'Ordre social*, p. 40, trad. par H. Muffang (Paris, Fontemoing, 1900).

Mais, suivant lui, cette lutte est bienfaisante, car elle profite à l'Espèce. Elle arrive au résultat salutaire de l'élimination des faibles, c'est-à-dire des non-adaptés. — La question serait de savoir, il est vrai, si les non-adaptés sont toujours les plus faibles. — Quoi qu'il en soit, d'après M. Ammon, le monisme a le dernier mot; car au-dessus de toutes les luttes et de toutes les hécatombes de vaincus plane le génie de l'Espèce, le dieu de M. Ammon comme il est celui de Spencer.

La sociologie grégaire de M. Ammon peut expliquer sans doute les sociétés animales et les survivances nombreuses, il faut le reconnaître, du grégarisme qui subsistent dans les sociétés humaines actuelles (esprit moutonnier des foules, esprit routinier et anti-individualiste des corps constitués). Il n'est pas étonnant en particulier que M. Ammon, admirateur du pécorisme animal, soit à un tel point partisan de l'esprit grégaire qui domine dans le monde fonctionnaire et administratif[1]. Mais la sociologie de M. Ammon n'explique pas ce qu'il y a de vraiment original dans les sociétés humaines et ce que l'Évolution sociale accentuera de plus en plus: la lutte consciente de l'Individu contre le milieu, la volonté de vie individuelle, c'est-à-dire la volonté de faire triompher un idéal social qui, suivant la remarque de Nietzche, n'est jamais que l'expression d'un tempérament individuel, le reflet des instincts vitaux les plus profonds, vraiment dominateurs, de l'individu. — Dans cette lutte contre le milieu, dans cette âpre volonté de vie individuelle, s'affirme la vraie force, dans sa beauté triomphante, tandis que dans la lutte grégaire telle que la décrivent Darwin et Ammon, ce sont la plupart du temps le faible et le médiocre, avec leurs instincts de solidarité et de lâcheté grégaire, qui l'emportent. — Nietzche l'a admirable-

1. Voir l'optimisme administratif de M. Ammon dans les *Bases naturelles de l'Organisation sociale.*

ment montré. « En admettant, dit-il, que la lutte pour la vie existe, — et elle se présente en effet, — elle se termine malheureusement d'une façon contraire à celle que désirerait l'école de Darwin, à celle que l'on oserait peut-être désirer avec elle ; je veux dire au détriment des forts, des privilégiés, des exceptions heureuses. Les espèces ne croissent point dans la perfection : les faibles finissent toujours par se rendre maîtres des forts. — C'est parce qu'ils ont le grand nombre; ils sont aussi plus rusés. Les faibles ont plus d'esprit. J'entends ici par esprit la circonspection. La patience, la ruse, la dissimulation, le grand empire sur soi et tout ce qui est *mimicry*, une grande partie de ce que l'on appelle vertu appartient à cette dernière[1]. »

Nous dirons un mot maintenant des théories dites économiques qui subordonnent le processus social tout entier au processus économique. Nous croyons pour notre part qu'il convient de faire une grande part à ce facteur. L'Économie sociale touche de près à la Psychologie; on peut même dire qu'elle est déjà une sorte de Psychologie en action. Car elle n'est autre chose qu'une gestion des besoins et des intérêts vitaux qui, dans la nature humaine, sont l'infrastructure de tout le développement psychologique supérieur. Anton Menger a raison de dire que le point de départ des sociétés est la force et l'usurpation économique. « Au début, dit M. Ch. Andler exposant les vues de Menger, au début ce qui détermine les rapports entre les hommes, ce sont des intérêts plus ou moins nettement aperçus et servis par une organisation d'attaque et de défense plus ou moins vigoureuse. La condition des hommes depuis qu'ils existent est d'extraire par le travail de la surface du globe les ressources qui les font vivre. Mais cette terre qui les nourrit, ils s'en emparent par *force*

1. Nietzche, *Le Crépuscule des Idoles*, trad. H. Albert.

et par force ils en expulsent ceux qu'elle pourrait nourrir à leur place ou à leurs côtés, à moins d'ailleurs qu'ils ne les réduisent en servitude. Aussi dès que deux hommes se rencontrent, l'injustice est entre eux. Les plus robustes ou les plus rusés s'emparent des terres et des hommes, et au lieu de travailler contraignent autrui à travailler. Si quelque changement a lieu dans cet état de choses primitif, ç'a été généralement par la force encore; et des conquérants plus astucieux ou mieux armés ont réclamé leur part du bien et du labeur des premiers[1]. »

Ainsi la lutte économique est le terrain où prend racine la vie sociale. C'est aussi le terrain où naît et croît le droit qui est en grande partie l'expression des besoins et des revendications économiques. Tels sont les trois droits qu'étudie Menger et qui sont les assises même du droit socialiste : le droit au travail, le droit à l'existence et le droit au produit intégral du travail.

Mais si importantes que soient les considérations économiques, elles ne sont pas tout. Quand Menger lui-même montre l'évolution qui subordonne de plus en plus la lutte économique à des idées de justice et de respect de la personne humaine, quand il montre qu'au droit « des classes dirigeantes » fondé sur la force et caractérisé « par la haine des personnes et la protection des biens matériels », se substitue un droit plus humain, il fait appel à d'autres considérations qu'à des considérations économiques. De même E. de Laveleye, quand il montre que la civilisation est caractérisée par le triomphe de la loi et de la raison sur la force ou la ruse. De même l'économiste Roscher, quand il définit l'Économie politique : « la gestion *ethique* des intérêts économiques de l'humanité. » Au fond, l'Économisme est déjà une Psychologie et une Idéologie.

La philosophie sociale de M. Bouglé semble tenir

1. Ch. Andler, Introduction au *Droit au Produit intégral du travail*, par A. Menger.

une place intermédiaire entre les théories biologiques ou mécaniques d'une part et les théories psychologiques de l'autre. — En effet, dans son explication de la genèse des formes sociales, ce sociologue fait une part à la fois aux considérations mécaniques et aux considérations psychologiques. S'il explique la formation d'une société ou d'une forme sociale par les conditions extérieures de population (quantité, densité, homogénéité ou hétérogénéité), il tient compte aussi des effets psychologiques de ces influences mécaniques et il s'efforce de rattacher ces effets aux lois générales de la psychologie.

Toutefois, à y regarder de plus près, il nous semble que M. Bouglé finit par pencher du côté du mécanisme. Il subordonne au fond l'intérieur à l'extérieur. Il n'admet, semble-t-il, aucun facteur présocial ou suprasocial dont dépendent elles-mêmes les formations sociales. Il croit que les idées qui agissent dans une société tirent leur puissance non de leur valeur intrinsèque, mais de l'action favorable du milieu où elles se développent. — On peut se demander pourtant si certaines idées ne peuvent exercer une puissance par leur seule vertu logique, ou leur utilité vitale ou leur beauté morale. Les conditions extérieures de population sont une forme dans laquelle il faut introduire une matière Cette matière ne peut être fournie que par le facteur économique ou le facteur psychologique, ou les deux à la fois.

Les théories sociales qui font appel à des facteurs proprement psychologiques sont les théories de Rousseau (le Contrat), de M. Giddings, de M. Tarde et de H. Mazel.

Nous n'insisterons pas longuement sur la théorie d'après laquelle la formation des sociétés serait le fruit d'un contrat intervenu entre les individus. — La réfutation topique et définitive de ce système est bien connue. On fait un cercle vicieux en attribuant la formation des sociétés à un contrat, puisque l'idée même de contrat présuppose la vie sociale. — L'influence de l'idée de contrat est indéniable dans nos sociétés modernes (Encore est-elle combattue par certains penseurs, tels que par exemple Tolstoï). Mais dans tous les cas, l'influence de cette idée était nulle dans les sociétés primitives. — Dans les premières phases du développement des civilisations, comme le remarque Anton Menger, le contrat ne fut qu'une expression de la contrainte, et encore aujourd'hui que de contrats ne sont libres qu'en apparence et ne sont qu'un déguisement de l'oppression! Quoi qu'il en soit, et quelle que soit aujourd'hui la valeur morale de la plupart des contrats, il est certain que l'idée de contrat n'est pas un point de départ, mais un produit ultérieur, qu'elle est non une cause, mais un effet de la vie sociale.

Le principe invoqué par M. Giddings est moins artificiel. C'est la *Conscience d'Espèce*. Ce fait consiste en ce qu'un être en reconnaît un autre comme étant de la même espèce que lui. Ce sentiment une fois donné pourrait devenir générateur de contrats et d'alliances.

On peut faire à cette théorie plusieurs objections. Qu'entend-on au juste par conscience d'espèce? Si l'on entend par là la conscience de *race*, c'est-à-dire la conscience des similitudes physiologiques et ethniques, nous rappellerons que le facteur race nous a déjà paru insuffisant comme élément explicatif de la formation des sociétés.

Entend-on par là la conscience d'*espèce* proprement dite, c'est-à-dire la conscience de ce qu'il y a de commun à toute l'humanité, ce principe est trop général et trop vague pour pouvoir expliquer la formation de tel groupement particulier ou celle de telles formes sociales particulières.

Entend-on par là une entité moitié biologique moitié psychologique, analogue au Psychisme social de M. de

Roberty? Recourir à un pareil principe serait tomber en plein *réalisme* et mysticisme social.

On peut enfin entendre par conscience d'espèce la similitude d'intérêts, de pensées, de désirs et de croyances que présente à un moment donné une agglomération d'hommes. En ce sens, nous serions disposés à admettre cette influence. Mais il ne faut pas *substantifier* cette conscience sociale ni oublier qu'elle n'a de signification et d'existence que dans et par les consciences individuelles. Chaque individu reflète à sa façon les idées ambiantes et y mêle sa propre substance. Et cette part de l'individualité devient de plus en plus grande au fur et à mesure que l'évolution intellectuelle, esthétique et morale devient plus complexe et plus riche et que la mentalité grégaire fait place à la mentalité individualiste. Nietzche remarque qu'une croyance philosophique ou morale est toujours l'expression d'un tempérament individuel, la traduction des instincts vitaux froissés ou au contraire librement épanouis d'un individu.

Tant qu'un sentiment collectif ne trouve pas une conscience individuelle pour s'y refléter et s'y exprimer, il reste amorphe et ignoré de lui-même. M. Novicow, disposé pourtant à beaucoup accorder à la conscience anonyme des collectivités, reconnaît cette vérité. « Encore en 1814, dit-il, Arndt fut obligé d'exprimer catégoriquement dans des vers célèbres que la patrie de l'allemand s'étendait sur tout le territoire où résonnait la langue allemande[1]. » C'est donc que ce sentiment national sommeillait encore et qu'il ne pouvait éclore à la vie consciente qu'à la condition d'être affirmé et interprété par une conscience individuelle.

Ajoutons encore que ce qui détermine les formations sociales modernes, en particulier les formations juridiques, c'est moins l'idée de l'Espèce ou de la Société que l'idée de l'Individu.

1. Novicow, *Conscience et Volonté sociales*, p. 310.

C'est cette idée de la valeur et de l'action individuelles que M. Tarde a eu le mérite de mettre particulièrement en lumière. En secouant le réalisme et le mysticisme social biologique, en substituant en sociologie à l'idée d'Évolution l'idée des causations particulières et des insertions de volontés personnelles, il a réhabilité l'Individu et a justement montré son importance. L'Individu n'est pas un simple produit des facteurs biologiques et sociaux. Il a du moins le pouvoir de résumer à sa façon les influences sociales antérieures et actuelles, de réagir contre elles et de devenir un centre de forces original, le point de départ d'une orientation sociale nouvelle. Par une légitime réaction contre les pesantes doctrines sociales qui écrasaient l'Individu sous le poids des fatalités collectives, M. Tarde a eu le mérite « de subordonner, suivant l'expression de M. H. Mazel, aux qualités individuelles tous les grands facteurs collectifs, moraux ou religieux[1]. »

Ajoutons que l'Individualisme de M. Tarde n'est pas un individualisme aristocratique comme celui d'un Nietzche, c'est-à-dire un individualisme contradictoire. Car cet individualisme aristocratique se convertit en anti-individualisme pour ce qui concerne ceux qui ne sont pas les Maîtres et qui n'ont par suite ni Volonté de Puissance ni droit à la Puissance. L'Individualisme de M. Tarde est un individualisme démocratique qui veut que tous aient part à la Volonté et au droit de Puissance.

C'est le principe de cet Individualisme démocratique que M. H. Mazel développe dans sa théorie de la Synergie sociale. Comme Tarde, Mazel prône l'effort, l'initiative individuelle. « Le critère social, dit-il, est facile à reconnaître. Tout ce qui favorise l'expansion, la responsabilité, l'énergie individuelle est bon, tout ce qui l'entrave est mauvais. La règle, la discipline,

1. H. Mazel, *La Synergie sociale*, p. 338.

même le communisme seront approuvables quand ils développeront l'effort, comme dans un ordre de Trappistes défricheurs, où dans un essaim de pionniers. Mais dès que la contrainte aura pour but de restreindre, la réglementation de modérer, le communisme de supprimer, le résultat sera mauvais. L'expansion est le besoin même de la monade-âme et le travail est la grande loi de l'humanité... Les peuples en qui une quantité suffisante d'amour maintient la concorde se hiérarchiseront suivant leur énergie, c'est-à-dire toujours ou presque toujours dans nos sociétés occidentales par la prédominance de la synergie sur la coaction[1]. »

Il faut se garder de confondre cette synergie, cette solidarité indépendante, active et libre, essentiellement respectueuse de l'Individu, avec cette solidarité grégaire, passive et moutonnière, — essentiellement tyrannique et oppressive des individualités, — qui constitue l'âme mobile et instable des foules et plus encore la mentalité rabougrie et encroûtée de nos corps constitués et de nos administrations.

La Sociologie montrera de plus en plus la vanité sociale des prétentions administratives comme des appels aristocratiques à la Force. « Que chacun dans sa sphère, dit M. H. Mazel, porte sa propre action à son maximum d'intensité, et le bien social jaillira sans qu'il soit besoin de pressoirs financiers, ni de chevauchées nobiliaires. »

Il ne faut pas d'ailleurs attendre d'un principe social quel qu'il soit le Paradis sur la terre. La lutte sur le terrain social restera, quoi qu'on fasse, éternelle. Lutte des cercles sociaux antagonistes; lutte aussi de l'Individu contre son milieu social pour le dépasser et s'en

1. H. Mazel, *La Synergie sociale*, p. 340. Remarquons qu'un Ordre trappiste n'est peut-être pas un bon exemple de libre synergie; car là, la Règle est tout et l'Individu n'est rien.

affranchir, pour secouer les influences grégaires de toute espèce.

Le monisme social rêvé par certains penseurs est une chimère. L'élément fécond dans la vie des sociétés, ce n'est pas la passivité de l'Individu, sa soumission moutonnière au principe social ; c'est au contraire sa réaction et parfois sa résistance. C'est surtout dans le monde social que la lutte est mère de tout bien; πόλεμος πάντων μήτηρ. — Si l'homme, comme l'a dit Aristote, est un animal politique, il est aussi un animal autarchique. C'est pourquoi, en dépit de ce qu'affirment les conceptions monistiques et unitaires de la société, les facultés par lesquelles l'Individu affirme sa personnelle volonté de vie jouent un rôle bienfaisant, en tout cas, essentiel et nécessaire. Nietzche a raison de voir dans un vouloir-vivre individuel le principe de toute action, de toute construction ayant même un caractère impersonnel et collectif. Les dogmatismes religieux, philosophiques et sociaux, sont-ils autre chose, malgré leur apparence d'impersonnalité, que l'expression des instincts vitaux de leur auteur? Les penchants qu'on appelle mauvais et antisociaux, dit Nietzche, « sont des tendances essentielles à la vie. Ils sont quelque chose qui, dans l'économie générale de la vie, doit exister profondément, essentiellement, par conséquent quelque chose qui doit être renforcé si l'on veut renforcer la vie[1] ».

Faire disparaître la lutte et l'action individuelle est une illusion et une impossibilité. Il faut affirmer l'éternité de l'élément *lutte*, de l'élément diversité. Une société parfaitement homogène s'évanouirait dans l'insipide amorphisme grégaire. C'est par la lutte que l'Individu échappe à la mentalité grégaire et que la synergie reste avant tout, dans les âmes individuelles, liberté et énergie.

1. Nietzche, *Par delà le Bien et le Mal,* § 23.

CHAPITRE II

QU'EST-CE QUE LA CONSCIENCE SOCIALE

Nous venons de passer en revue les différents facteurs qui ont été invoqués pour expliquer la formation des sociétés. Nous avons écarté la conception biologique du monde social ; nous avons insisté en revanche sur l'importance des facteurs économiques et des facteurs psychologiques, en subordonnant les premiers aux seconds. L'individu humain nous est apparu comme une force originale et relativement indépendante du mécanisme social. — De même que l'individu peut, par la seule puissance de l'*idée*, réaliser progressivement en lui un idéal de liberté intérieure, de même il peut, en vertu de la même loi des idées-forces, réaliser progressivement autour de lui un idéal de liberté extérieure et sociale. Pas plus dans l'ordre social que dans l'ordre psychologique, l'individu n'est un simple reflet du mécanisme extérieur. Il est lui-même une énergie modificatrice et, dans certains cas, directrice de ce mécanisme.

Donc autre chose est la conscience individuelle, autre chose la conscience sociale. Cette dernière ne se saisit que dans le cerveau des individus. Et pourtant il y a des antinomies irréductibles entre la conscience sociale et la conscience individuelle, entre le vouloir-vivre de la société et le vouloir-vivre de l'individu. L'évolution même ne fait que mettre davantage en lumière ces antinomies et les marquer plus fortement dans le cerveau des individus. Les penseurs les plus puissants d'une époque sont précisément ceux qui ont la plus claire conscience de ces antinomies.

Ainsi la conscience sociale, implique ces deux éléments : 1° d'une part conscience des influences sociales ambiantes ; 2° conscience du conflit entre ces influences et le vouloir-vivre individuel. Ce n'est que dans le cerveau de l'individu que le mécanisme social jusque-là inconscient s'éclaire et prend une signification morale. C'est alors seulement que la conscience individuelle est capable de juger ce mécanisme et au besoin de se révolter contre lui. Ceux qui attendent de l'avenir une conciliation ou plutôt une identification complète de la conscience individuelle et de la conscience sociale sont dupes d'une grossière illusion (Monisme social). Nous l'avons dit, la lutte est éternelle.

Comme nous l'avons dit également, cette conscience sociale n'est pas également claire et consciente d'elle-même chez tous les membres du groupe. — D'après M. Novicow, il y a une élite qui, en un certain sens, joue le rôle de cerveau de la société. M. Novicow remarque justement que cette élite ne doit pas être identifiée avec le gouvernement. « Quand on compare le cerveau au gouvernement, dit-il, on fait preuve d'ignorance de la physiologie et de la sociologie. C'est à l'élite et non au gouvernement qu'il faut comparer le cerveau. Celui-ci a exactement les fonctions de l'élite. Sa grande affaire est d'élaborer les pensées et les sentiments de l'agrégat social. Elle préside aussi dans une certaine mesure aux mouvements sociaux ; mais les personnes qui font partie du gouvernement ne sont presque jamais celles qui élaborent les idées et les sentiments[1]. »

Pour M. Novicow, le rôle du gouvernement est tellement différent à cet égard du rôle de l'élite que tandis que, d'après lui, cette dernière est appelée dans l'avenir

1. Novicow, *Conscience et Volonté sociales*, p. 23.

à être d'une manière de plus en plus claire et de plus en plus complète le *sensorium social*, la fonction gouvernementale serait destinée au contraire à devenir de plus en plus inconsciente et automatique. « La fonction gouvernementale, écrit à ce sujet M. Novicow, n'est pas encore devenue inconsciente dans nos sociétés, comme elle l'est devenue dans le corps humain. Les sociétés sont des organismes assez récents. La lutte pour l'existence n'a pas encore eu le temps d'éliminer les formes les moins parfaites et de laisser survivre seulement les mieux organisées. Mais il est facile de démontrer que la perfection est dans l'inconscience. Masse de gens, même parmi ceux qui ont une représentation très nette du groupe politique dont ils font partie, ne veulent pas s'occuper des affaires de l'État. — Plus les gouvernements se perfectionnent, moins on s'en occupera. En effet, si le citoyen n'est molesté en aucune façon par ceux qui détiennent le pouvoir, il pourra ne jamais penser à eux. La fonction régulatrice deviendra alors inconsciente au sein des sociétés, comme elle l'est déjà devenue dans le corps humain. »

Nous n'admettons pas pour notre part ces vues de M. Novicow, sur l'abdication future de l'individu. La définition que donne M. Novicow de la fonction gouvernementale exprime un état de fait qui peut se rencontrer dans telle ou telle société. Mais il est à souhaiter, selon nous, une fois admis que le gouvernement est un mal nécessaire que les gouvernants aient la conscience la plus large et la plus complète possible de la société dans toutes les complications de son mécanisme, et inversement que les citoyens ne se désintéressent pas de la fonction gouvernementale et ne se fient pas à elle comme à une providence infaillible. — L'opinion de M. Novicow est un exemple du danger que présente le Biologisme social au point de vue de ses conséquences pratiques.

Le principal de ces dangers est de regarder l'automatisme comme l'idéal en matière de vie sociale et d'amener l'individu à une attitude passive devant les pouvoirs sociaux. Une telle conception aurait pour effet de substituer à l'énergie individuelle l'inertie des groupes grégaires. Car il ne peut y avoir d'énergie au sens humain du mot, que par la conscience claire que l'individu prend de lui-même et de son milieu social.

L'idéal social est un minimum de gouvernement; encore ce minimum doit-il rester autant que possible sous le contrôle conscient de l'Individu. — A cet égard, les projets et tentatives de *Referendum* méritent d'être pris en sympathique considération.

Le passage de M. Novicow cité plus haut appelle de notre part une petite explication. M. Novicow nous a écrit qu'il n'était pas étatiste; qu'il a simplement voulu dire dans ce passage que la fonction gouvernementale *devenue normale* tend à l'inconscience (comme toute fonction devenue normale).

Cela est vrai, ou, du moins, cela peut parfaitement se concevoir. — Seulement, à notre avis, cet état *normal* ne peut être qu'idéal. Il ne peut se concevoir que dans une société parfaitement harmonisée, c'est-à-dire utopique. Dans les sociétés réelles, le mécanisme gouvernemental n'ira jamais sans heurts, sans grincements, sans résistances plus ou moins conscientes de la part des individus.

Nous reconnaissons bien volontiers que M. Novicow est très individualiste et qu'il se montre, sur tous les terrains, favorable au *self-help*. Ce que nous disons du biologisme social en général n'en reste pas moins vrai. La plupart des partisans de cette théorie (M. Espinas, par exemple), en ont tiré des conséquences anti-individualistes qui semblent rentrer assez bien dans la logique de la doctrine.

(Note de la deuxième édition).

LIVRE III

COMMENT LES SOCIÉTÉS SE CONSERVENT

CHAPITRE PREMIER

LOI GÉNÉRALE DE LA CONSERVATION SOCIALE

Une société, une fois formée, tend à se maintenir. Voyons donc à présent quelles sont les lois qui président à la conservation des sociétes.

Suivant une remarque de Schopenhauer, la vie sociale est la forme la plus énergique du vouloir vivre universel. « L'État, dit quelque part ce philosophe, est le chef-d'œuvre de l'égoïsme humain. » Le mot est vrai non seulement de l'État, mais de toute société. Un groupe social, quel qu'il soit, est férocement attaché à l'existence. Il déploie, pour se défendre et s'accroître une avidité, une astuce, une ténacité, une cruauté, une absence de scrupule, absolument inconnues de la psychologie individuelle. Joignez à cela l'exposant d'hypocrisie dont s'affecte tout égoïsme collectif. Comme il s'agit de la défense d'un Intérêt général qu'on érige en dogme sacré, toutes les fourberies et toutes les immoralités deviendront légitimes au nom de la Raison d'État, au nom de l'Impératif vital du groupe.

Toutes les énergies individuelles seront, sur tous les

domaines, — économique, politique, juridique, moral, — étroitement subordonnées à l'utilité commune.

Salus societatis suprema lex esto. Malheur aux énergies qui ne se plient pas à cette discipline. La société les brise ou les élimine, sans hâte comme sans pitié. Elle apporte dans cette exécution le mépris le plus absolu de l'Individu. Elle agit comme un instinct aveugle, irrésistible et implacable. Elle représente sous une forme terriblement concrète cette force brutale que Schopenhauer a décrite : la Volonté de Vie séparée de l'Intellect.

La plupart du temps en effet, elle accomplit d'une façon presque inconsciente sa loi de conservation. Elle ment, tue, vole, usurpe avec une souveraine tranquillité.

En dépit des utopies optimistes, toute société est et sera exploiteuse, usurpatrice, dominatrice et tyrannique. Elle l'est non par accident, mais par essence. « Le corps social, dit Nietzche, devra être la volonté de puissance incarnée, il voudra grandir, s'étendre, attirer à lui, atteindre la prépondérance, — non par un motif moral ou immoral, mais par ce qu'il *vit*, et par ce que la vie *est* précisément volonté de puissance. En aucun point cependant la conscience générale des Européens n'est plus réfractaire aux enseignements qu'ici. On s'engoue maintenant partout, même sous le déguisement scientifique, pour un état futur de la société auquel manquerait « le caractère exploiteur », — cela sonne à mon oreille, comme si l'on promettait d'inventer une vie dépouillée de toute fonction organique. L' « exploitation » ne fait pas partie d'une société corrompue ou imparfaite et primitive : elle appartient à l'*essence* de la vie, comme fonction organique fondamentale, elle est une conséquence de la véritable volonté de puissance, qui est précisément la volonté de la vie, — admettons que, comme théorie, ceci soit une nouveauté, — comme réalité, c'est le *fait primitif* de toute histoire ; qu'on soit donc assez loyal envers soi-même pour se l'avouer[1] ! »

Pour étudier avec précision le phénomène de la conservation des sociétés, nous distinguerons une loi générale et des lois particulières qui ne sont que des applications de la loi générale.

Cette dernière a été nettement formulée par MM. Simmel[2] et Sighele :

« Dans chaque société, dit M. Simmel, se produit un phénomène qui caractérise également la vie individuelle : à chaque instant, des forces perturbatrices, externes ou non, s'attaquent au groupement, et s'il était livré à leur seule action, elles ne tarderaient pas à le dissoudre, c'est-à-dire à en transférer les éléments dans des groupements étrangers. — Mais à ces causes de destruction s'opposent des forces conservatrices qui maintiennent ensemble ces éléments, assurent leur cohésion, et par là garantissent l'unité du tout jusqu'au moment où, comme toutes les choses terrestres, ils s'abandonneront aux puissances dissolvantes qui les assiègent. — A cette occasion on peut voir combien il est juste de présenter la société comme une unité *sui generis*, distincte de ses éléments individuels. Car les énergies qu'elle met en jeu pour se conserver n'ont rien de commun avec l'instinct de conservation des individus. Elle emploie pour cela des procédés tellement différents, que très souvent la vie des individus reste intacte et prospère, alors que celle du groupe s'affaiblit, et inversement[3]. »

M. Sighele résume de son côté de la manière suivante la loi essentielle de la conservation sociale : « Une loi

1. Nietzche, *Par delà le Bien et le Mal*, § 259.
2. Nous nous sommes beaucoup aidé, dans cette partie de notre travail de la remarquable étude de M. Simmel : *Comment les formes sociales se maintiennent* (*Année sociologique*, 1897).
3. Simmel, *Comment les formes sociales se maintiennent.* (*Année sociologique*, 1896-97, p. 75. Paris, F. Alcan).

de conservation domine nécessairement tous les organismes. Tout organisme a, pour vivre, besoin de deux séries d'actions ; l'une de coopération à l'intérieur et l'autre de défense à l'extérieur[1]. » Ces lois générales engendrent toutes les lois secondaires qui assurent la conservation des groupes humains.

1. Sighele, *Psychologie des Sectes*, p. 111.

CHAPITRE II

LOI D'UNITÉ ET DE CONTINUITÉ SOCIALE

La loi d'Unité est à la psychologie sociale ce que le besoin d'unité est à l'âme individuelle. Pourquoi l'Esprit individuel vise-t-il en tout à unifier ses conceptions? Parce que c'est là sa loi vitale par excellence, la loi sans laquelle il se contredit et s'annihile lui-même. De même l'unité est la condition essentielle de la survivance d'un groupe. L'unité dont il s'agit ici ne peut être bien entendu qu'une unité de collection, une unité essentiellement relative. Les éléments divers d'une même civilisation doivent se fondre en un tout, ou du moins, quand cela est impossible, ils doivent *paraître* se fondre, par des transitions insensibles, de manière à dissimuler les antagonismes. La loi de continuité sociale n'est pas moins importante.

Cette continuité peut être de deux sortes, physiologique et psychologique. — Physiologique, elle consiste dans le lien du sang qui rattache les unes aux autres les générations dans le temps. M. Simmel remarque que partout où les autres liens font défaut, le lien physiologique est l'*ultimum refugium* de la continuité sociale. Ainsi, quand la corporation allemande (*Zunft*) dégénera et s'affaiblit intérieurement, elle se ferma d'autant plus en dehors que sa force de cohésion se relâchait davantage; de là vint la règle que les fils de maîtres, les gendres de maîtres, les maris de veuves de maîtres pourraient seuls être admis à la maîtrise. Ce lien physiologique produit encore aujourd'hui ses effets bien connus sous le nom de népotisme dans nos administrations actuelles qui sont les corporations ou castes d'aujourd'hui.

Dans d'autres cas, la continuité sociale a un fondement psychologique. Ce fondement n'est autre que le conformisme intellectuel et moral qui se transmet dans un groupe des prédécesseurs aux successeurs. La continuité résulte ici de ce fait qu'il reste toujours assez de membres anciens en fonction pour initier les nouveaux; c'est ce qui rend par exemple si stables le clergé catholique et les corps de fonctionnaires. C'est ce qui leur permet de maintenir invariable, à travers tous les changements individuels, l'esprit objectif qui qui fait leur essence.

La loi de continuité sociale se symbolise dans l'ordre politique par la transmission héréditaire de la dignité suprême. Elle peut aussi s'objectiver dans certains objets impersonnels qui sont la propriété inaliénable du groupe. Le meilleur exemple ici est l'institution des biens de mainmorte. On a pu dire avec raison : Le domaine des corporations ecclésiastiques ressembla longtemps à la caverne du lion où tout peut entrer, mais d'où rien ne sort.

Remarquons que cette loi de continuité sociale, si elle agit d'une façon trop absolue, finit par produire des effets contraires à son but. Une société où rien ne se renouvelle n'est pas loin de son déclin. « Il y a, de Nietzche, un degré d'insomnie, de rumination, de *sens historique* qui nuit à l'être vivant et qui finit par l'anéantir, qu'il s'agisse d'un homme, d'un peuple ou d'une civilisation[1]. »

1. Nietzche, *Considérations inactuelles.*

CHAPITRE III

LOI D'ADAPTATION VITALE

Pour survivre aussi bien que pour se constituer, une société doit répondre à un besoin vital, à une nécessité naturelle, interne ou externe. En d'autres termes, elle doit être l'organe d'une fonction nécessaire. La permanence de la fonction garantit alors la permanence de l'organe. Une société qui remplit une fonction utile peut soutenir des chocs et subir des épreuves qu'une société sans raison d'être est hors d'état de supporter.

Jhering remarque que toutes les formes juridiques qui ont chance de durer répondent à un besoin vital profond du groupe, et quand ces besoins se transforment, le droit lui-même se transforme. — Le droit coutumier, si tenace, est l'expression d'une adaptation, — sous l'empire de la contrainte, — entre l'élément vainqueur et l'élément vaincu qui finissent par se fondre en une même société. « Les puissants, dit M. Ch. Andler, se coalisent et s'organisent pour durer; l'accoutumance est venue aux opprimés avec l'impossibilité de la révolte. C'est cette *coutume* faite de la domination accapareuse des uns et de l'asservissement résigné des autres qui est la forme spontanée du droit[1]. »

On peut distinguer deux formes de l'adaptation sociale, l'adaptation externe et l'adaptation interne. Il

1. Ch. Andler, Introduction au *Droit au Produit intégral du Travail.*

faut d'abord pour qu'une société se maintienne, qu'elle soit adaptée à son milieu. Les conditions du milieu changeant, la société doit se transformer et s'adapter, sinon elle disparaît. Il faut de plus qu'elle présente une adaptation interne des différents éléments qui la composent. Aug. Comte remarque que l'instabilité politique des sociétés actuelles tient à leur non-adaptation interne provenant de la coexistence de trois modes de penser antagonistes, le mode théologique, métaphysique et scientifique.

Il peut y avoir des adaptations artificielles ayant pour objet la « mise au point » d'une croyance ou d'une doctrine, de façon qu'elle puisse s'adapter à la mentalité de ceux à qui ont veut l'inculquer. Faute de cette mise au point, la doctrine n'a aucune chance d'exercer une influence durable. Il y a ainsi, par la force des choses, dans la façon dont on présente au public les doctrines politiques, sociales ou religieuses, une forte part d'illusion et de mise en scène. M. G. B. Shaw remarque qu'il faut que les doctrines aient une « prise » par où les intelligences peu cultivées puissent la saisir. Le grand art du propagandiste est de bien calculer cette « prise ». Le même écrivain remarque que toute doctrine sociale (le socialisme, par exemple) a deux aspects : un aspect scientifique (ésotérique) et un aspect illusionniste (exotérique). « Il y a, dit-il, une mise au point à laquelle la science doit être adaptée pour que la masse puisse la saisir. Si on ne peut la lui inculquer de force, comme on inculque la table de multiplication aux enfants, elle doit prendre la forme d'un drame soit artistique, soit religieux, pour éveiller la sympathie et fixer l'attention populaires. Et quand la curiosité intellectuelle suit la sympathie et l'intérêt, le drame doit être suivi également par la théorie, de manière que le peuple puisse penser aussi bien que sentir... Aussi que voyons-nous comme conséquence du caractère scientifique du socialisme? C'est qu'il doit manifestement obéir à la loi devant laquelle toute science s'incline quand elle désire avoir l'appui du peuple. Il doit se cacher derrière un voile d'illusions brodé de promesses, et il doit être muni d'une « prise » mentale, fort simple, qui permette à un esprit ordinaire de le saisir facilement[1]. »

M. Novicow remarque qu'il y a de même, dans la vie des sociétés, des « désaptations artificielles » produites par un faux calcul dans l'appréciation des conditions ambiantes. M. Novicow cite comme exemple de désaptation artificielle l'erreur protectionniste qui, suivant lui est la cause d'une fondamentale déchéance économique pour les nations qui l'adoptent. « On pourrait, dit-il, définir le protectionnisme d'un seul mot : C'est une désaptation artificielle du milieu. Notre planète est déjà très mal accommodée à nos besoins. Mais dans notre folie et notre aveuglement, nous avons voulu rendre la nature encore plus marâtre et... nous avons inventé le système protecteur[2]. »

1. G. B. Shaw, *Les Illusions du socialisme* (*Humanité nouvelle*, août 1900).
2. Novicow, *Les Gaspillages des sociétés modernes*, p. 101 (Paris, F. Alcan).

CHAPITRE IV

LOI DE DIFFÉRENCIATION SOCIALE ET LOI DES ÉLITES

La loi de différenciation consiste en ce qu'une société, pour se maintenir, doit être pourvue d'organes différenciés capables d'exécuter avec précision et rapidité les fonctions sociales.

La décadence des anciennes corporations de l'Allemagne vint en partie de ce qu'elles ne surent pas se constituer d'organes.

Les avantages qui résultent de la création d'organes sociaux différenciés peuvent, d'après Simmel, être classés sous trois chefs :

1° Là où il y a des organes différenciés le corps social est plus mobile. Tant que pour chaque mesure politique, juridique, administrative, il doit tout entier se mettre en branle, son action pèche par la lourdeur. « Quand une foule se meut, dit M. Simmel, ses mouvements sont alourdis par toute sorte d'hésitations, de considérations, qui tiennent soit à la divergence des intérêts particuliers, soit à l'indifférence des individus. Au contraire, un organe social peut s'affranchir de tous ces *impedimenta*, parce qu'il est fait pour un but défini et qu'il est composé d'un nombre de personnes relativement restreint ; et ainsi il contribue à la conservation du groupe en rendant l'action sociale plus précise et plus rapide[1]. »

1. Simmel, *Comment les formes sociales se maintiennent.*

2° Dans le cas où la totalité du groupe doit se mettre en mouvement pour chaque fin sociale, des tiraillements intérieurs ne peuvent manquer de se produire. Cet état d'anarchie trouve son expression typique dans les sociétés où le *veto* d'un seul opposant empêche la validité d'une mesure adoptée par la majorité. Ces tiraillements disparaissent ou sont fortement atténués par la création d'organes spéciaux qui présentent des garanties particulières de compétence et d'aptitude à la tâche organisatrice.

3° Enfin un troisième avantage de cette organisation consiste dans la meilleure direction qu'elle donne aux forces collectives. Une foule, dans ses manières d'agir, ne peut jamais s'élever au-dessus d'un niveau intellectuel assez bas. Les meilleurs conseillers ne seront peut-être pas toujours ceux qui se feront écouter d'elles. Tandis qu'auprès d'une minorité où il y a beaucoup de compétences, le talent peut plus facilement se donner carrière et conquérir l'autorité qui lui revient.

Ce dernier point ne va pas, à notre avis, sans quelques réserves. M. Simmel reconnaît que « dans un corps de fonctionnaires, la jalousie enlève souvent au talent l'influence qui devrait lui revenir, tandis qu'une foule, renonçant à tout jugement personnel, suivra aisément un meneur de génie[1] ».

On doit remarquer en outre que la différenciation des organes sociaux ne va pas sans certains inconvénients soit au point de vue de la société, soit au point de vue de l'individu. Au point de vue de la société, l'inconvénient est que souvent les organes différenciés en arrivent à se prendre pour des fins, alors qu'ils ne sont que des moyens au service de l'ensemble, et ils cherchent à se conserver et à s'accroître au préjudice du corps social. Au point de vue de l'individu, l'inconvénient est que l'individu attaché à une fonction finit

1. Simmel, *Année sociologique*, 1896-97, p. 90.

par s'identifier à elle et même par s'absorber en elle. Il épouse tous les préjugés et toutes les causes, — bonnes ou mauvaises, de sa caste. Il subit cette tare, cette dépression mentale qu'on appelle l'esprit de corps.

La loi des Élites se rattache directement à la loi de différenciation sociale. L'action de cette loi doit être signalée dans un relevé des influences conservatrices d'une société. Car les aristocraties et les élites de tout genre sont un élément essentiellement conservateur. Toutefois, le rôle des élites s'est modifié au cours de l'histoire.

Au début, l'élite, étant fondée sur la force, était forcément despotique. De nos jours, il n'en est plus nécessairement ainsi. L'élite sociale (intellectuelle, artistique et scientifique) reste souvent étrangère au Gouvernement. Les personnes qui composent ce dernier sont rarement celles qui composent l'élite. Il s'ensuit que les élites d'aujourd'hui ne sont plus nécessairement autoritaires et misonéistes. Elles peuvent même parfois se montrer philonéistes et progressistes. Ce fait se remarque particulièrement en Russie, où beaucoup de personnes appartenant à la fois à l'aristocratie de naissance et à l'élite intellectuelle se montrent dévouées aux idées progressistes et révolutionnaires.

M. Novicow explique d'une manière ingénieuse qu'il n'y a pas incompatibilité entre les élites et le progrès. Les élites (non seulement savants, mais littérateurs et artistes) contribuent au progrès des idées nouvelles et paradoxales par une certaine finesse de sentiment, un sens artistique qui les rend capables de mettre au point ces idées pour les faire pénétrer dans la grossière conscience commune. « L'élite, dit M. Novicow, n'élabore pas seulement les idées d'une société, elle élabore aussi ses sentiments. Or, les sentiments ont une importance encore plus considérable que les idées sur les désirs et les volitions... De plus, le sentiment est d'une puissance énorme par rapport aux idées extérieures. Quand elles le blessent, il se raidit et fort souvent chasse les intruses. Pour faire son chemin, une idée doit se présenter sous un aspect sympathique : Ouvrez un livre. S'il est écrit par un esprit marqué au cachet de la distinction, vous sentez l'attrait se réveiller en vous. Vous allez jusqu'au bout du volume. Quelque chose de mystérieux vous rapproche de l'auteur, chaque phrase pénètre dans votre entendement. Le livre exerce une impression profonde et durable. Même s'il est paradoxal, vous retenez des opinions de l'auteur ce résidu de vérité qui souvent se trouve mêlé à l'erreur. Au contraire, si le livre heurte votre sentiment, aucun de ces phénomènes ne se produit, et vous pouvez le jeter au bout de quelques pages.

» Or, c'est l'élite qui, à chaque époque de la vie d'une nation, détermine ce qui est distingué et ce qui ne l'est pas. La distinction d'aujourd'hui n'est pas celle de la veille et ne sera pas celle du lendemain. Mais il y en a toujours une qui est celle de l'heure présente[1]. »

1. Novicow, *Conscience et Volonté sociales*, p. 109. — M. Anatole France, aussi admirable comme sociologue que comme artiste, s'exprime ainsi au sujet des élites : « Toute une ville, toute une nation, résident en quelques personnes qui pensent avec plus de force et de justesse que les autres... Ce qu'on appelle le génie d'une race ne parvient à sa conscience que dans d'imperceptibles minorités ; ils sont rares en tout lieu les esprits assez libres pour s'affranchir des terreurs vulgaires et découvrir eux-mêmes la vérité voilée » (A. France, *M. Bergeret à Paris*).

CHAPITRE V

LOI DE SOLIDARITÉ SOCIALE ET LOI DE GRÉGARISME

La loi de solidarité se rattache directement à la loi fondamentale de la conservation sociale. La solidarité agit d'une part en effet pour triompher des ennemis extérieurs, et d'autre part pour anéantir les éléments intérieurs dangereux ou réfractaires. Elle s'efforce de fortifier le lien social qui existe déjà. Elle réunit dans une communauté d'intérêts et de défense tous les individus qui font partie à un même moment d'un même groupe. La solidarité est pour ainsi dire une continuité sociale dans l'espace, comme la continuité sociale est une sorte de solidarité dans la durée entre les générations qui se succèdent pendant la vie d'un groupe.

La loi de solidarité s'applique à tous les domaines de l'activité humaine. Il y a une solidarité économique; une solidarité politique (au sein d'un même parti) une solidarité religieuse, une solidarité professionnelle (esprit de corps), une solidarité de classe (esprit nobiliaire, esprit bourgeois, solidarité prolétarienne). La solidarité a été très étudiée de nos jours. De nombreux auteurs en ont étudié les effets (Izoulet, Bourgeois, etc.). Malheureusement les idées ont été plus d'une fois obscurcies ici par l'abus des métaphores biologiques et par la prétention d'assimiler une société à un organisme et les individus pensants à des cellules vivantes. Le point de vue exclusivement optimiste sous lequel on a envisagé la solidarité a aussi contribué à fausser les idées.

Nous l'avons dit plus haut. La solidarité est par elle même indifférente et amorale. Elle peut être, suivant son but et ses effets, juste et bonne ou criminelle et malfaisante. Au point de vue d'une exacte psychologie sociale, la solidarité n'est rien autre chose qu'un égoïsme à plusieurs, une intensification et une exacerbation des égoïsmes individuels. Les rancunes de classe et de corps sont cent fois plus aveugles, plus tenaces et plus implacables que les rancunes individuelles. L'esprit de solidarité est essentiellement anti-individualiste, il se défie de toute individualité qui tranche un peu sur la teinte grise des moyennes. Un homme n'a pas besoin d'être supérieur pour être haï. On ne lui pardonnera pas d'être *différent*, original.

L'esprit de solidarité hait les apathiques et les délicats qui restent étrangers aux intérêts et aux petites intrigues du groupe. Il préfère les intrigants, les combatifs, ceux qui se mettent en vue. On comprend les persécutions que Rousseau essuya, étant donné sa tournure d'esprit qu'il a lui-même décrite. « Je me trouve naturellement soumis, dit-il, à ce grand précepte de morale, mais destructif de tout l'ordre social, de *ne jamais me mettre en situation à pouvoir trouver mon avantage dans le mal d'autrui*. Celui qui veut suivre ce précepte à la rigueur n'a point d'autre moyen pour cela que de se retirer tout à fait de la société, et celui qui en vit séparé suit par cela seul ce précepte sans avoir besoin d'y songer[1]. » C'est pour avoir pratiqué ce précepte que Rousseau fut haï. Et quand il s'en plaignit et protesta, la société ne s'embarrassa pas pour si peu. Elle cria au délire de la persécution !

Autant que les apathiques l'esprit de solidarité hait les esprits critiques. Car ils ne se plient pas aux obligatoires mots d'ordre.

L'Esprit de solidarité est essentiellement conser-

1. Rousseau, *Dialogues*. Dialogue II.

vateur, parce qu'il est essentiellement coactif et tyrannique. Tyrannie anonyme et irresponsable, en même temps servilité, car qui dit solidarité dit embrigadement. L'esprit de solidarité est une survivance de l'esprit d'obéissance qui a si longtemps régné sur les troupeaux humains. Nietzche le montre admirablement. « Depuis qu'il y a eu des hommes, il y a eu aussi des troupeaux d'hommes (associations de familles, de communautés, de tribus, de peuples, d'états, d'églises) et toujours beaucoup d'obéissants en comparaison du petit nombre de ceux qui commandent; — en considérant donc que l'obéissance jusqu'à présent a été le mieux et le plus longtemps exercée et éduquée parmi les hommes, — on peut aisément supposer qu'en moyenne chacun en a maintenant le besoin inné, comme une sorte de *conscience formelle* qui ordonne : « Tu dois absolument faire une chose, tu dois absolument ne pas faire une chose, en un mot tu dois. L'homme cherche à satisfaire ce besoin et à lui donner une matière. Selon la force, l'impatience, l'énergie de ce besoin, il accapare sans choix, avec un appétit grossier, et accepte tout ce que lui soufflent à l'oreille ceux qui lui commandent, que ce soient ses parents, des maîtres, des lois, des préjugés de classe ou des opinions publiques... Il en résulte que l'homme de troupeau se donne aujourd'hui en Europe l'air d'être la seule espèce d'homme autorisée; il glorifie les vertus qui le rendent utile au troupeau comme les seules vertus réellement humaines[1]. »

On voit que le vrai fond de l'esprit de solidarité est l'esprit grégaire. On en arrive à suspecter et à mettre en quarantaine sociale l'homme qui vit seul, qui se tient à l'écart, qui manifeste une volonté de solitude, qui n'a pas de « relations ».

Celui qui vit seul est un méchant, dit-on. Qu'on se

1. Nietzche, *Par delà le Bien et le Mal*, § 199.

rappelle dans le *Ventre de Paris* de M. Zola le doux et inoffensif Florent traqué par les imbéciles haines du quartier, parce qu'il vit dans sa solitude et son rêve d'utopique philanthrope. Celui qui devient le criminel, c'est celui qui reste à l'écart des ineptes et enragées coalitions grégaires; c'est celui qui ne veut pas hurler avec les loups.

Une conséquence de cet esprit de solidarité et de grégarisme conservateur, c'est la généralisation du respect et de la crainte de l'opinion publique. C'est aussi la généralisation de ce que Nietzche appelle la vanité grégaire. « Le vaniteux, dit-il, se réjouit de toute bonne opinion qu'on a de lui (sans prendre en considération son caractère vrai ou faux), comme aussi il souffre de toute mauvaise opinion : car il s'assujettit à toutes deux ; il se *sent* assujetti, à cause de cet instinct d'assujettissement plus ancien, qui prend le dessus. C'est « l'esclave » dans le sang du vaniteux, un reste de la rouerie de l'esclave, c'est l'esclave qui se met à se prosterner aussitôt devant cette opinion, comme s'il ne l'avait pas provoquée. — Et je le répète : la vanité est un atavisme[1].

La Société ne manque pas d'utiliser pour sa conservation ces tendances de l'individu à l'asservissement, et elle déifie l'*Opinion publique*.

Une philosophie autarchique et individualiste adopte au contraire la devise de Tolstoï : « Ne juge pas » avec la maxime qui est son complément nécessaire ! « Moque-toi de l'opinion des autres. » « L'homme le plus puissant est celui qui est le plus seul, » dit Ibsen.

Les observations qui précèdent s'appliquent à toute solidarité ayant la prétention d'exercer une influence sur les consciences et un contrôle sur les actes individuels. — Il y aurait lieu de se demander si elles s'appliquent à une solidarité purement économique.

1. Nietzche, *Par delà le Bien et le Mal*, § 261.

D'après nous, une solidarité purement économique, telle qu'elle fonctionne par exemple dans les *Trade-Unions* anglaises, peut, à condition de rester exclusivement économique, échapper aux inconvénients que nous avons précédemment exposés.

Elle peut être utile à l'ouvrier en le défendant contre la contrainte économique et parfois aussi contre certaines contraintes morales exercées par le patronat. D'autre part, cette solidarité économique n'est pas oppressive pour la conscience et la conduite individuelles qu'elle laisse entièrement libres. La solidarité économique n'englobe qu'une fraction de la vie de l'individu; elle laisse en dehors de son action tous les genres d'activité différents de l'activité économique.

Toutefois, il y a ici un danger à éviter, c'est que la solidarité économique ne se transforme en contrainte et contrôle moral. Le pas est vite franchi. — Qu'on se rappelle l'étroite discipline morale à laquelle les corporations du moyen âge assujettissaient la vie privée de leurs membres. Il faut évidemment que l'association industrielle fasse abstraction absolue des relations de famille, de parenté, etc. On a vu certaines *Trade-Unions* anglaises, qui conservaient la réglementation de l'apprentissage, donner aux pères le droit d'introduire leurs fils dans le métier sans les soumettre à l'obligation de l'apprentissage [1]. Ce sont là des procédés anachroniques qui sont évidemment une dérogation aux principes d'une solidarité exclusivement économique.

A la condition de prendre les précautions nécessaires contre l'ingérence abusive de toutes les influences étrangères, la solidarité économique nous semble concilier dans une mesure satisfaisante les intérêts du groupe et l'indépendance de l'individu. Les Unionistes, en tant qu'Unionistes, ne sont d'aucune doctrine religieuse, politique, ni même morale.

1. S. et B. Webb, *Industrial Democracy*.

CHAPITRE VI

LOI DE CONFORMISME ET D'ÉLIMINATION DES NON-CONFORMISTES

Cette loi n'est qu'une application de la loi de solidarité. Elle consiste en ce que toute société organisée exige de ses membres une certaine similitude de conduite, d'allures, et même d'opinions et d'idées. — Une société a une tendance à s'asservir non seulement les corps, mais les intelligences et les volontés. Toute société vise plus ou moins à réaliser la maxime d'un Ordre célèbre : *Perinde ac cadaver*. Elle impose à ses membres une sorte de mimétisme psychique. « Il y a, dit Sighele, des animaux qui prennent la couleur des milieux végétaux et minéraux où ils vivent ; il y a des hommes qui prennent la couleur morale de leur groupe[1].

Cette loi de conformisme entraîne comme conséquence une loi d'élimination des individus rebelles à ce conformisme. Le groupe exerce une poussée irrésistible et en partie inconsciente pour éliminer l'être qui se refuse à subir la discipline morale et sociale ambiante. Il crée autour de lui ce que Guyau appelle une atmosphère d'intolérabilité.

La Persécution, dit Bagehot[2], complète l'Imitation : « Le penchant de tous les sauvages, — disons mieux

1. Sighele, *Psychologie des Sectes*, p. 140.
2. *Lois scientifiques du développement des Nations* (Paris, F. Alcan).

de tous les hommes ignorants, — à la persécution est encore plus frappant que leur tendance à l'imitation. Aucun barbare ne peut se résigner à voir un des membres de la nation s'écarter des coutumes barbares et des anciens usages de sa tribu. La plupart du temps la tribu entière s'attendrait à être châtiée par les dieux, si un seul de ceux qui la composent renonçait aux coutumes antiques, ou donnait l'exemple de quelque nouveauté. Dans les temps modernes et dans nos pays policés, nous pensons que chaque personne est uniquement responsable de ses actions, et nous ne pouvons pas croire que la faute d'autrui puisse nous rendre coupables. La culpabilité est pour nous une tâche personnelle qui résulte d'une conduite adoptée librement et ne s'imprime que sur celui qui l'a adoptée. Mais dans les époques primitives, on croit toute la tribu souillée d'impiété par l'acte d'un seul de ses membres ; cet acte l'expose tout entière, en offensant sa divinité particulière, aux châtiments célestes. Il n'y a point de responsabilité limitée dans les idées politiques de ces époques. » — Encore conviendrait-il d'ajouter que bien des survivances de cette mentalité subsistent parmi nous. Une classe, une caste, un corps constitué, une administration, ne pardonnent pas à un de leurs membres un acte qui, — bien que relevant de sa seule conscience, — est de nature à froisser les idées ou même les préjugés de l'opinion. Car l'opinion est la divinité dont on craint aujourd'hui par-dessus tout les représailles. Il faut donc être conformiste et moutonnier si l'on veut être en harmonie avec la morale de groupe.

Cette loi d'élimination ne frappe pas seulement les individus indépendants ou rebelles. Elle frappe aussi les membres frêles, débiles, inhabiles à renforcer le groupe. — Cette morale de groupe est tout animale. Celui qui a observé les mœurs des animaux domestiques a pu voir plus d'une fois une basse-cour tout entière se ruer sur un poulet malade pour l'achever à coups de bec. Des faits analogues se produisent dans les sociétés humaines.

Cette morale éliminatrice des faibles et des non-adaptés se montre dans toute sa naïve férocité chez les sociologues qui voudraient voir les sociétés humaines modelées sur le type des sociétés animales. Dans les livres de ces sociologues le mot *élimination* revient sans cesse, avec une insistance fastidieuse et un mépris tout darwinien de l'individu. Le plus typique de ces écrivains est l'auteur anonyme d'une petite brochure parue à Leipzig et intitulée : *Die Aristocratie des Geistes*. Cet auteur esquisse l'hypothèse d'une société fondée sur le principe d'une sélection « rationnelle » dans laquelle on éliminerait par des procédés *ad hoc* les individus jugés encombrants ou défavorables au progrès de la race. Des villes spéciales seraient réservées aux alcooliques et aux débauchés Et on leur fournirait là gratuitement et en abondance ce qu'on supposerait susceptible d'amener leur prompte disparition. « Là, dit l'auteur, les temples de Bacchus et de Vénus, les maisons de jeu, les cafés-concerts, la littérature pornographique sont en pleine prospérité, les distilleries d'alcool à bon marché travailleront ferme et à perte, car les riches du parti « sélectionniste conservateur » ont décidé d'envoyer à travers le gosier des ivrognes une portion de leur superflu, dans l'intérêt de l'espèce humaine. »

On reconnait là de suite l'aimable esprit de cette philosophie sociale suivant laquelle le Progrès n'est pas fait pour l'humanité, mais l'humanité pour le Progrès.

CHAPITRE VII

LOI D'IMMOBILISME ET DE VARIABILITÉ SOCIALE

Nous arrivons à deux lois contradictoires en apparence, qui contrebalancent leurs effets pour arriver au même but : la conservation des sociétés.

Dans certains cas l'immobilisme ou misonéisme favorise la conservation du groupe social. Il en est ainsi quand les sociétés sont faites d'éléments disparates et travaillées par des hostilités latentes ou déclarées. Dans ce cas, toute secousse, d'où qu'elle vienne, est un danger ; même les mesures les plus utiles, s'il doit en résulter un ébranlement quelconque, doivent être évitées. C'est ainsi qu'un État très compliqué et dont l'équilibre est perpétuellement instable, comme l'Autriche, doit être en principe fortement conservateur, tout changement pouvant y entraîner des troubles irréparables. — Le même conservatisme s'impose toutes les fois qu'une forme sociale survit tout en ayant perdu sa raison d'être, et quoique les éléments qui en étaient la matière soient tout prêts à entrer dans des combinaisons sociales d'autre sorte.

Dans d'autres cas, c'est l'extrême plasticité des formes sociales qui est nécessaire à leur permanence. « C'est ce qui arrive, dit M. Simmel, à ces cercles dont l'existence au sein d'un groupe plus étendu n'est que tolérée ou même ne se maintient que par des procédés illicites. C'est seulement grâce à une extrême élasticité que de pareilles sociétés peuvent, tout en gardant une consistance suffisante, vivre dans un état de perpétuelle défensive ou même, à l'occasion, passer rapidement de la défensive à l'offensive, et réciproquement. Il faut en quelque sorte qu'elles se glissent dans toutes les fissures, s'étendent ou se contractent suivant les circonstances et, comme un fluide, prennent toutes les formes possibles. »

M. Simmel remarque également que les aristocraties quelles qu'elles soient, nobiliaires, familiales, mondaines, etc., ont un avantage à s'immobiliser le plus possible. Au contraire, les classes moyennes, recevant sans cesse des éléments d'en haut et d'en bas, ont une vie beaucoup plus mobile.

A travers l'évolution historique, il semble qu'on puisse suivre, avec des fluctuations il est vrai, une diminution progressive des influences misonéistes. La loi des sociétés primitives est la loi du *status*, c'est-à-dire de l'immobilité. Dans les sociétés modernes, le régime de la libre discussion, le développement de l'esprit critique, les échanges facilités de produits et d'idées entre nations et groupes sociaux contribuent à refouler l'esprit misonéiste.

CHAPITRE VIII

LOI DE DOGMATISME ET D'OPTIMISME SOCIAL

Nous avons vu que toute société constituée tend à imposer à ses membres un conformisme intellectuel et moral. Une conséquence de cette loi est l'existence dans toute société d'un dogmatisme social plus ou moins conscient. Nous entendons par là que toute société organisée, nation, cité, aristocratie, classe, caste, a besoin de croire à elle-même, à sa propre valeur morale et sociale. Suivant l'expression de Nietzche, cette croyance en soi est « l'épine dorsale » de la cité. Toute société éprouve le besoin instinctif d'ériger en dogme son autorité, sa discipline, ses lois et sa morale. A l'origine des sociétés, nous voyons toujours les institutions sociales se revêtir spontanément d'un caractère divin et sacré.

Le dogmatisme social peut être de trois sortes : religieux, métaphysique et moral.

Religieux, il regarde la société comme une Divinité, comme un être divin supérieur à l'individu, ou tout au moins il pose l'autorité sociale comme une émanation de la volonté divine. Qu'on se rappelle Bossuet. — Cette forme de pensée n'est pas d'ailleurs exclusivement propre aux politiques théologiens. Elle se rencontre chez beaucoup de sociologues indépendants en apparence de toute attache religieuse. Mais ces derniers, au lieu de regarder l'autorité sociale comme une émanation et un symbole de l'autorité divine, regardent au contraire le concept de Dieu comme une transposition métaphysique de notre concept expérimental de société.

En tout cas, il existe des analogies indéniables entre notre concept de société et notre concept de Dieu. Simmel les a bien mises en lumière. D'après lui, « le développement des sciences de la société nous fait apercevoir dans toute idée religieuse le symbole d'une réalité sociale. Toutes les représentations qui vont se rencontrer dans l'idée de Dieu comme dans un foyer imaginaire peuvent se déduire des rapports réels que la société soutient avec l'individu. Elle est la puissance universelle dont il dépend, à la fois différent d'elle et identique à elle. Par les générations passées et les générations présentes, elle est à la fois en lui et hors de lui. La multiplicité de ses volontés inexpliquées contient le principe de toutes les luttes des êtres, et cependant elle est une unité. Elle donne à l'individu ses forces en même temps que ses devoirs : elle le détermine, et elle le veut responsable. Tous les sentiments en un mot, toutes les idées, toutes les obligations que la théologie explique par le rapport de l'individu à Dieu, la Sociologie les explique par le rapport de l'individu à la société. Celle-ci tient, dans la science de la morale, le rôle de la divinité[1] ».

Par ces analogies s'explique naturellement ce platonisme social, on pourrait dire ce fétichisme social qui déifie la société[2].

D'autres fois, le dogmatisme social revêt une forme métaphysique. Telle est la forme qu'il prend chez

1. Bouglé, *Les Sciences sociales en Allemagne*, p. 61 (Paris, F. Alcan).

2. Parfois le lien entre Dieu et la société est un lien physiologique. — Le clan totémique descend du dieu. Le totem et ses adorateurs ont même chair et même sang. Le rite a pour effet d'entretenir et de garantir cette vie commune (Voir Hubert et Maus, *Essai sur le sacrifice*, *Année sociologique*, 1897-98)

Hegel. D'après ce philosophe, l'État est rationnel en soi ; il est une réalité absolue planant au-dessus de l'individu. Il a le droit suprême en face des individus. Il existe de par une Raison immanente en lui et divine. « Il est divin dans son essence. »

Sous sa forme morale, le dogmatisme social affirme que la fonction suprême et justificatrice de l'État est une fonction morale, la justice. Il tend à faire prédominer cette croyance qu'il y a dans la société, dans son ensemble, un principe de raison immanente qui fait triompher en fin de compte ce qui est conforme à la justice, c'est-à dire à la nature des choses, non seulement dans le présent, mais encore dans un état à venir, non existant. Ce qu'on appelle nature des choses n'est d'ailleurs pas autre chose que l'ensemble des nécessités vitales de la société, ou, en d'autres termes, l'intérêt général. La morale n'est au fond qu'un utilitarisme social. « Quand nous voyons, dit M. Novicow, les événements prendre une tournure qui nous paraît être conforme à la nature des choses, nous disons que le bien triomphe. Quand nous voyons les institutions humaines s'arranger selon ce qui nous paraît conforme à la nature des choses, nous disons que la *justice* triomphe[1]. »

Plus on examine les codes moraux des diverses sociétés, plus ils apparaissent comme une sublimisation des nécessités vitales sociales, comme un impératif de l'égoïsme collectif.

On pourrait noter ici l'antinomie qui existe la plupart du temps entre le moralisme apparent et l'immoralisme réel des établissements sociaux. Machiavel a probablement formulé la politique de tout gouvernement quand il a formulé la politique de son *Prince*. « Il y a si loin de la manière dont on vit à celle dont on devrait vivre, que celui qui laisse ce qui se fait

1. Novicow, *Conscience et Volonté sociales*, p. 180.

pour ce qu'on devrait faire apprend à se ruiner plutôt qu'à se préserver, car il faut qu'un homme qui veut faire profession d'être tout à fait bon au milieu de tant d'autres qui ne le sont pas périsse tôt ou tard. Il est donc nécessaire que le prince qui veut se maintenir apprenne le talent de ne pas être bon, pour s'en servir ou non selon que la nécessité l'exige. Tout bien considéré, telle chose qui paraît une vertu, s'il la pratiquait, le ruinerait ; et telle autre qui paraît un vice, se trouvera être la cause de sa sécurité et de son bonheur[1]. » La société qui veut avant tout se maintenir ne se reconnaît au fond aucun devoir envers l'Individu. Elle se fabrique des pédagogies destinées à faire, dans la mesure nécessaire, illusion à l'Individu.

La forme spontanée du dogmatisme social est la sagesse autoritaire et prud'hommesque de l'opinion publique, cette divinité au culte de plus en plus envahisseur. — Misonéisme et conservatisme, haine des personnes et plat respect des institutions, voilà les éléments essentiels dont elle se compose.

Nous dirons maintenant quelques mots de la loi que nous avons appelée loi d'*optimisme* social. Cette loi n'est qu'une forme du dogmatisme social. Le groupe social a intérêt à empêcher la propagation de toutes les doctrines de pessimisme social propres à favoriser la généralisation du mécontentement ou de la défiance à l'égard du principe social.

Il veut avec Leibnitz « qu'on ne soit pas facilement du nombre des mécontents dans la république où l'on est ». Il veut que l'on croie que tout est pour le mieux dans la meilleure des sociétés. L'individu doit être persuadé que la société lui présente la promesse d'un bonheur qui n'échappe qu'aux maladroits et aux faibles. Comme l'individu ne se range naturellement pas dans ces deux catégories, il s'élancera vers l'ac-

1. Machiavel, *Le Prince*, ch. XV.

tion avec la naïve et utile confiance dont la société aime à le voir animé. L'idéal serait que l'individu fût tellement imbu de la croyance en la perfection du mécanisme social, que, même vaincu, il n'attribuât sa défaite qu'à lui-même et ne s'en prît jamais à la société.

A cette loi d'optimisme social on peut rattacher le discrédit significatif dont le *philistin*, c'est-à-dire le parfait conformiste, l'homme imbu des orthodoxes doctrines sociales, frappe unanimement les écrivains pessimistes. Le philistin regarde comme personnellement injurieuse pour lui une conception pessimiste de l'humanité et de la société. Pour lui, les pessimistes sociaux sont des esprits mal faits ou aigris, en tout cas des impolis[1].

1. Au moment où nous corrigeons les épreuves de ce travail, a lieu la publication de l'œuvre posthume de Challemel-Lacour : *Études et Réflexions d'un Pessimiste* (Paris, 1901), admirable livre de libération intellectuelle, de sagesse hautaine et sereine, jet de lumière crue projeté par un penseur d'une absolue franchise sur les bas-fonds de la sottise grégaire. Qu'on lise par exemple ce que dit Challemel-Lacour de la tactique employée par la société pour imposer silence à ceux qui ne partagent pas l'obligatoire optimisme béat : « Si vous êtes d'une santé fragile, atteint de quelque triste infirmité, si vous avez été assez maltraité par la fortune pour qu'on puisse vous supposer aigri, on triomphera de vous facilement. Il faudra désormais vous en tenir aux axiomes, si vous ne voulez pas qu'on vous réponde d'un accent qui n'admet pas de réplique ces mots écrasants : Vous êtes malade ! » Challemel Lacour, *Etudes et Réflexions d'un Pessimiste*, p. 37.

CHAPITRE IX

LOI DES FORMALISMES SOCIAUX. — LOI DU MENSONGE DE GROUPE. — CONCLUSION SUR LA CONSERVATION SOCIALE

La loi des formalismes sociaux se rattache à ce que nous avons dit du dogmatisme social. — Comme tous les dogmes, les dogmes sociaux s'incarnent dans certains rites conventionnels et cérémoniels qui constituent ce que Tolstoï appellerait la religion du monde. Toute société, surtout si elle est — ou croit être — aristocratique, adopte un ensemble d'usages, de formalismes, de rites mondains qui sont pour elle un puissant moyen de conservation. Si quelqu'un s'amusait à dégager la philosophie d'un livre tel que les *Règles du savoir-vivre* de Mme la baronne Staffe, il est probable qu'il verrait que l'esprit de ces règles est un jaloux conservatisme de classe.

Les femmes jouent ici un rôle important. La femme est conservatrice et gardienne jalouse de l'étiquette. C'est elle qui régente ce qu'on appelle *le monde*. Le pouvoir de la « Dame » dans le monde bourgeois est à la fois occulte et omnipotent. « Je constate, dit un publiciste contemporain, chez l'immense majorité des femmes la superstition obstinée des compartiments et des étiquettes de la hiérarchie. Quel que soit leur rang, quelle que soit leur toilette, grattez la femme, vous trouverez la *Dame*, la terrible dame de Schopenhauer, avec sa préoccupation obsédante et maladive, d'égaler Mme une telle qui se croit supérieure et de se défendre rageusement pour tenir à distance Mme X..., qui voudrait être une égale. Quelle idée fixe de choisir et de régler chaque article de sa toilette, de son ménage et de son budget, en vue d'affirmer ou de simuler une supériorité sociale!

« Si j'insiste sur ce point, c'est que j'y vois le symptôme, le symbole et le résumé de la psychologie bourgeoise. Les principes de la vanité mondaine dominent à la fois la toilette, le cérémonial et les choses les plus graves : mariages, relations, éducation, choix des carrières, programme de vie et de bonheur. Les femmes jugent un grand homme et choisissent un chapeau d'après le même idéal. Cet état d'esprit leur rend incompréhensible et odieuse toute transformation qui déclasserait et reclasserait toutes choses, qui bouleverserait la hiérarchie conventionnelle, leur religion et leur vie[1]. »

A la loi des *Formalismes sociaux* se rattache de près la loi que nous avons appelée loi du *Mensonge de groupe*.

Un groupe entretient sciemment les illusions et conventions utiles au maintien de son prestige social. M. Max Nordau a admirablement analysé ces mensonges conventionnels par lesquels la société cherche à duper l'individu.

Ces mensonges collectifs sont trop nombreux et trop puissants, leur action dans l'histoire est trop incessante et trop importante pour qu'il n'y ait pas là plus qu'un simple accident, mais bien une loi véritable : la loi d'*insincérité sociale*. Comme la lutte dont il n'est qu'un aspect, le mensonge fait partie intégrante de l'organisation sociale.

M. Sighele soutient même que la fonction sociale du mensonge prend de plus en plus d'importance au fur et à mesure que se développe la civilisation. D'après lui, il y a deux types de civilisation : la civilisation

1. Paul Adam, *La Dame de l'Avenir* (*Journal* du 27 novembre 1899).

reposant sur la violence et la civilisation reposant sur le dol. La seconde atteint sòn apogée avec notre société bourgeoise actuelle. Dans son introduction au livre d'A. Menger sur le *Droit au Produit intégral du Travail*, M. Ch. Andler expose quelques-uns de ces mensonges : « Les codes en vigueur, dit-il, oppriment le pauvre; ils ont laissé en dehors de leurs préoccupations les classes non possédantes. L'oppression qu'ils sanctionnent, ils en cachent d'ailleurs les moyens sous l'hypocrisie des aphorismes d'équité. Ils déclareront que *tous les hommes sont égaux devant la loi*, alors que les mêmes droits ne peuvent avoir la même efficacité chez ceux qui possèdent et chez ceux qui ne possèdent pas. Ils disent que *nul n'est censé ignorer la loi*, comme si pratiquement tous ceux qui ne font pas métier d'étudier la procédure en pouvaient connaître les détours. Il résulte de là que les riches s'y retrouvent aisément ayant pour guides des hommes de loi retors qu'ils salarient. Mais le pauvre s'égare dans le maquis où on le détrousse, où on le garrotte et où la moindre inadvertance est punie comme un crime. Ainsi l'État met au service des riches seuls l'appareil compliqué de sa justice de parti armée de peines brutales. »

Dans tous les dogmatismes philosophiques et moraux, dans toutes les tutelles et disciplines sociales, il y a une part énorme de convention et de mensonge. « Il y a, dit Nietzche, un mépris hypocrite de toutes les choses qu'en fait les hommes regardent comme les plus importantes, *de toutes les choses prochaines*. On dit par exemple : « On ne mange que pour vivre, » mensonge exécrable, comme celui qui parle de la procréation des enfants comme du dessein propre de toute volupté.

« Au rebours, la grande estime des « choses importantes » n'est presque jamais entièrement vraie : les prêtres et les métaphysiciens nous ont, il est vrai, accoutumés en ces matières à un *langage* hypocritement exagéré, mais sans réussir à changer le sentiment qui n'attribue pas à ces choses importantes autant d'importance qu'à ces choses prochaines méprisées. — Une fâcheuse conséquence de cette double hypocrisie n'en reste pas moins qu'on ne fait pas des choses prochaines, par exemple, du manger, de l'habitation, de l'habillement, des relations sociales, l'objet d'une réflexion et réforme continuelle, libre de préjugés et *générale*, mais que, la chose passant pour dégradante, on en détourne son application intellectuelle et artistique ; si bien que d'un côté l'accoutumance et la frivolité remportent sur l'élément inconsidéré, par exemple sur la jeunesse sans expérience, une victoire aisée, tandis que de l'autre nos continuelles infractions aux lois les plus simples du corps et de l'esprit nous mènent tous, jeunes et vieux, à une honteuse dépendance et servitude, — je veux dire à cette dépendance, au fond superflue à l'égard des médecins, professeurs et curateurs des âmes, dont la pression s'exerça toujours, maintenant encore, sur la société tout entière[1]. »

Ailleurs Nietzche décrit avec son habituelle ironie l'hypocrisie de ces moralistes qui « font semblant d'avoir découvert leurs opinions par le développement spontané d'une dialectique froide, pure, divinement insouciante, tandis qu'au fond une thèse anticipée est défendue par eux, appuyée de motifs laborieusement cherchés... La tartuferie aussi rigide que prude du vieux Kant, par où il nous attire dans les voies détournées de la dialectique qui mènent à son « impératif catégorique », ou plutôt qui nous y induisent, — ce spectacle nous fait rire, nous autres délicats, qui ne trouvons pas un petit divertissement à découvrir les fines malices des vieux moralistes et des prédicateurs de morale[2] ».

1. Nietzche, *Le Voyageur et son ombre*, § 5 (Trad. H. Albert)
2. Nietzche, *Par delà le Bien et le Mal*, § 5.

L'attachement de la société aux opinions et aux conventions qu'elle juge utiles à sa conservation est tel que le type d'homme le plus haï et regardé comme le plus dangereux est peut-être le dilettante et le sincère; parce que l'un dédaigne et l'autre refuse de rentrer dans le mensonge général.

Nous avons ainsi terminé l'énumération des principales lois de conservation que nous avons cru pouvoir dégager dans la vie des sociétés. Par l'effet de ces lois, une société organisée est douée d'une force d'inertie qui fait qu'elle se maintient par sa propre masse et qu'elle en impose même à ceux qui auraient la tentation de porter la main sur elle. « Ces grands corps, dit Descartes, sont trop malaisés à relever étant abattus, ou même à retenir étant ébranlés, et leurs chutes ne peuvent être que très rudes[1]. »

Cette force d'inertie sociale est, comme l'inertie physique, purement amorale, ou du moins elle ne reconnaît d'autre loi morale que la loi vitale : la tendance de l'être à persévérer dans l'être. Ces lois de conservation manifestent dans toute son intensité l'antinomie qui existe entre la Société et l'Individu ; on pourrait ajouter entre la Société et la Morale. L'esprit de ces lois se résume dans la doctrine de Machiavel, qui croit devoir établir une grande différence entre l'Individu et l'État en matière de moralité : l'Individu doit tout sacrifier à la vertu; l'État doit tout sacrifier, même la vertu, à sa conservation. Le salut de la société, c'est la loi suprême.

On peut se demander comment l'intérêt et le droit de la société étant ainsi en antinomie avec le droit de l'individu, les sociétés peuvent se maintenir. La réponse est que, si l'organisation sociale tend à déprimer et à opprimer les individualités indépendantes et énergiques, elle favorise plus ou moins directement les

1. Descartes, *Discours de la Méthode*, IIe partie.

moyennes sociales et les médiocrités. Elle a institué une foule de règles étroites, formalistes, conventions mesquines, préjugés tyranniques qui deviennent entre les mains des médiocres et de ce qu'on appelle les « habiles » une arme contre les individualités supérieures. Une société organisée aura toujours pour elle la masse des médiocres ; car les règles établies par elle constituent, de propos délibéré, une prime à la médiocrité[1].

1. A propos des mensonges de groupe et des psittacismes sociaux, remarquons qu'un excellent moyen de se prémunir contre eux est ce procédé de dissociation, de dissection des concepts décrit et pratiqué par M. Rémy de Gourmont dans sa remarquable étude : *La Dissociation des Idées*. (Rémy de Gourmont, *La Culture des Idées*, p. 73 et sqq.).

LIVRE III

COMMENT LES SOCIÉTÉS EVOLUENT

CHAPITRE PREMIER

SENS DU MOT « ÉVOLUTION » EN SOCIOLOGIE. — DISTINCTION DES LOIS D'ÉVOLUTION ET DES LOIS DE CAUSATION

Il importe tout d'abord de s'entendre ici sur le sens du mot *évolution*.

Aux yeux de certains philosophes, le mot *évolution* implique nécessairement l'idée d'un but. Quand on parle d'évolution sociale, on sous-entend que l'humanité marche vers un état plus parfait que son état actuel. C'est la conception finaliste.

Pour d'autres, il faut prendre le mot *évolution* comme synonyme de développement ou de transformation, sans y attacher aucune idée de finalité. C'est à ce point de vue que nous nous placerons pour envisager les lois de l'évolution sociale.

Nous n'entendons pas dire par là que nous éliminions toute téléologie de l'évolution sociale. L'homme agit toujours vers des buts plus ou moins nettement aperçus. La représentation de ces buts dans la pensée des hommes est un fait aussi réel qu'un autre, et il est impossible de ne pas en tenir compte.

Dans ce sens tout relatif, nous croyons que la Téléologie joue un rôle en Sociologie. Quand nous rejetons la considération de la finalité, nous voulons dire que, selon nous, il est impossible de fixer un but *absolu*, — bien ou perfection, — vers lequel tendrait l'humanité, et par suite d'indiquer un critérium pour apprécier les changements de direction de l'humanité et les orientations diverses par rapport à une telle fin absolue. Une pareille tentative conduirait à un dogmatisme social que nous regardons comme faux et dangereux en théorie aussi bien qu'en pratique. Lorsque nous parlerons du Progrès, nous prendrons aussi ce mot dans un sens tout relatif.

Quand on aborde l'étude du développement des sociétés, une distinction est tout d'abord nécessaire : celle des lois d'évolution et des lois de causation. Ces deux sortes de lois correspondent au double point de vue de l'historien et de l'analyste (point de vue dynamique et point de vue statique). Ce qui frappe l'historien, c'est le changement qui se produit dans la vie des sociétés; ce qui lui apparaît comme le plus pressé, c'est de découvrir la loi d'évolution de ces changements. Ce qui intéresse l'analyste, c'est ce qu'il y a d'immuable (éléments et lois) dans les phénomènes sociaux; ce sont les facteurs qui agissent d'une manière toujours identique dans la vie des sociétés, à quelque moment, à quelque phase de son histoire qu'on la considère. La connaissance fournie par les lois d'évolution est une connaissance toute descriptive. Les lois de causation ont un caractère explicatif. Car les changements qui se produisent au cours de l'évolution, quelque divers qu'ils soient, ont lieu sous l'action des facteurs immuables que mettent en lumière les lois de causation. D'après certains sociologues, la Sociologie doit surtout s'attacher aux lois d'évolution. D'après d'autres, tels que M. Tarde, ce sont les lois de causation qui sont les plus intéressantes à connaître. Autre différence :

tandis que les lois d'évolution, — essentiellement nécessaires, — introduisent en sociologie un fatalisme absolu, l'idée de causation, faisant une grande place aux actions individuelles, introduit dans la science une contingence au moins relative.

Disons d'abord quelques mots des théories des sociologues qui se sont placés au point de vue des lois d'évolution. Ces sociologues se sont efforcés de découvrir dans les transformations sociales quelque chose de périodique ou du moins de régulier. Telle était la conception antique de la grande année cyclique à l'expiration de laquelle tout, dans le monde social comme dans le monde naturel, se reproduisait dans le même ordre. Les *ricorsi* de Vico ne sont au fond que la reprise de cette vieille conception des retours cycliques. Beaucoup de sociologues modernes ont eu également la prétention d'enfermer les faits sociaux dans des formules de développement qui les contraindraient à se répéter en masse avec d'insignifiantes variations.

Hegel croit pouvoir enfermer tout le processus social dans ses séries de triades. H. Spencer soumet à une loi unique (intégration et désintégration) le développement social sous toutes ses formes : développement linguistique, religieux, politique, économique, moral, esthétique.

Pour A. Comte, toute l'histoire de l'humanité convergeà travers les deux stades intermédiaires vers l'ère définitive du positivisme.

Suivant M. Durckheim, l'évolution sociale générale consiste dans le passage des sociétés du type de la solidarité mécanique au type de la solidarité organique.

Suivant M. Sighele, les groupes humains évoluent de l'indistinct, de l'anonyme et de l'indéterminé au distinct, au défini, à l'organisé. Il pose cette loi que les groupes évoluent de la foule à la secte, à la caste, à la classe, à l'État. Après avoir développé cette loi, il conclut ainsi . « La course rapide que nous venons de faire à travers la psychologie des divers groupes sociaux suffira, je l'espère, à montrer que l'État moderne est la forme dernière et la plus parfaite à laquelle la foule des hommes primitifs a mis longtemps à parvenir. — La loi d'évolution qui règne en maîtresse dans le monde social comme ailleurs explique cette analogie entre les deux types extrêmes qui, de prime abord, semblent n'avoir rien de commun[1]. » Le caractère commun de toutes ces conceptions est d'être unilinéaires. Elles expliquent tous les faits de détail par une prétendue loi qui contraindrait les phénomènes d'ensemble à évoluer dans un certain sens. Elles expliquent ainsi le *petit* par le *grand*, le *détail* par le *gros*.

Il est des sociologues qui trouvent cette méthode d'explication trop hypothétique et trop exclusive. Ces derniers préfèrent l'analyse à la synthèse ; au lieu de descendre du grand au petit, ils se sont efforcés de remonter du petit au grand. « J'explique les similitudes d'ensemble, dit M. Tarde, par l'entassement de petites actions élémentaires, le grand par le petit, le gros par le détail. Cette manière de voir est destinée à produire en sociologie la même transformation qu'a produite en mathématiques l'introduction de l'analyse infinitésimale[2]. » Ici on ne nie pas l'uniformité qui peut exister dans les ensembles, mais on soutient que cette uniformité, cette prépondérance finale d'une évolution sociale ne peut trouver son explication que dans la série des initiatives et des imitations individuelles. Ici l'explication est multilatérale, multilinéaire, individualiste.

« Les forces génératrices de l'évolution sociale, ce sont ces initiatives qui en s'accumulant sans cesse, s'utilisant réciproquement, forment système et faisceau, et dont le très réel enchaînement dialectique, non

1. Sighele, *Psychologie des Sectes*, p. 53.
2. Tarde, *Les Lois sociales*, p. 42 (Paris, F. Alcan,.

sans sinuosités, semblent se refléter vaguement dans l'évolution des peuples... Et si l'on remonte à la source véritable de ces grands courants scientifiques et industriels, on la trouve dans chacun des cerveaux de génie, obscurs ou célèbres, qui ont ajouté une vérité nouvelle, un moyen d'action nouveau au legs séculaire de l'humanité et qui, par cet apport, ont rendu plus harmonieux les rapports des hommes, en développant la communion de leurs pensées et la collaboration de leurs efforts. »

Nous acceptons pour notre part l'interprétation individualiste que M. Tarde donne de l'évolution sociale. Car nous croyons avant tout à la valeur du facteur *individu*. Nous nous défions d'une évolution érigée en entité métaphysique indépendante des faits, antérieure et supérieure aux individus. — Beaucoup de philosophies sociales actuelles et en particulier celle de Marx n'ont pas évité cet écueil. Marx, raillant l'idéalisme français de Proudhon et ses appels à l'idée de la Providence, dit quelque part : « La Providence est la locomotive qui fait mieux marcher tout le bagage philosophique de M. Proudhon que sa raison pure et évaporée[1]. » Il faut reconnaître en effet que dans les philosophies hégélienne et marxiste, l'*évolution* constitue un moyen d'explication sociologique aussi commode, mais aussi superficiel que la Providence de Proudhon.

[1] K. Marx, *Das Elend der Philosophie.*

CHAPITRE II

DEUX MANIÈRES D'ENTENDRE L'ÉVOLUTION SOCIALE

Nous devons faire une distinction entre deux manières possibles de se représenter l'évolution sociale.

Certains sociologues à tendance objective, tels que M. Durckheim, s'efforcent de retracer l'évolution d'une société ou d'une forme sociale d'après une dialectique toute mécanique et extérieure. D'autres, ceux surtout qui subordonnent comme M. Tarde les lois d'évolution aux lois de causation, conçoivent cette évolution d'après une dialectique téléologique et idéologique.

Dans le premier cas, on part de faits sociaux déterminés, coutumes, croyances, etc., et en les combinant on s'efforce d'expliquer la formation et l'évolution d'autres faits sociaux qui sont la résultante des premiers. On trouve un exemple de cette dialectique dans l'article[1] où M. Durckheim essaye d'expliquer comment de ces trois faits sociaux de l'humanité primitive : la croyance au totem, la croyance au tabou et la croyance au caractère *tabou* du sang menstruel, seraient résultés par une synthèse qui s'est développée dans le temps, d'abord l'exogamie du clan totémique et ensuite comme une conséquence de cette exogamie, le précepte moral actuel de la prohibition de l'inceste.

Ici, nulle téléologie, nulle idéologie ; rien qu'une genèse d'un fait social au moyen d'autres faits sociaux. « Nous évitons ainsi, dit M. Durckheim, l'erreur de la

1. Durckheim, *La Prohibition de l'inceste*, *Année sociologique*, 1897.

méthode qui considère les faits sociaux comme le développement logique et téléologique de concepts déterminés. On aura beau analyser les rapports de parenté, *in abstracto*, on n'y trouvera rien qui implique entre eux et les rapports sexuels d'autre part une si profonde incompatibilité. Les causes qui ont déterminé cet antagonisme leur sont extérieures. Ce *devenir des représentations collectives* qui est la matière même de la Sociologie ne consiste pas dans une réalisation progressive de certaines idées fondamentales qui, d'abord obscurcies et voilées par des idées adventices, s'en affranchiraient peu à peu, pour devenir de plus en plus complètement elles-mêmes. Si des états nouveaux se produisent, c'est en grande partie, parce que des états anciens se sont groupés et combinés... La résultante est en effet plus qu'une cause, elle a besoin d'être expliquée plus qu'elle n'explique. Notre idée de la morale vient des règles morales qui fonctionnent sous nos yeux. »

Des deux manières de se représenter l'évolution sociale, laquelle faut-il choisir ? Faut-il adopter la méthode dialectique objective et mécaniste de M. Durckheim, ou la méthode idéologique de ceux qui pensent qu'il y a dans toute évolution sociale une idée qui se développe, s'éclaircit et s'élargit, une fin qui d'abord obscure et comme voilée se réalise et s'éclaire graduellement elle-même? Suivant nous, il est impossible de bannir de la Sociologie le facteur *idée*, le facteur *fin*, au sens tout relatif de ce mot.

Ce sont en dernière analyse des idées et des fins qui mènent l'évolution sociale, des idées qui, obscures à l'origine, deviennent avec le temps de plus en plus conscientes d'elles-mêmes.

M. Durckheim reconnait lui-même la présence latente de ce facteur idéologique et téléologique. Après avoir montré comment sous l'influence des croyances totémiques, la conscience de la tribu en était arrivée à faire du *clan* le domaine de la vie religieuse et morale et à édicter l'exogamie qui permettait à la sensualité individuelle de se donner carrière en dehors du clan, M. Durckheim ajoute : « Sans doute, l'éternelle antithèse entre la passion et le devoir eût toujours trouvé moyen de se produire, mais elle eût pris une autre forme. Ce n'est pas au sein de la vie sexuelle que la passion aurait pour ainsi dire établi son centre d'action[1]. » Cet aveu n'est-il pas la reconnaissance détournée d'un principe téléologique ? N'est-ce pas une idée ou un sentiment inconscient de finalité qui a dicté au clan le précepte de l'exogamie, comme s'il voyait en elle un moyen indispensable d'assurer sa sécurité et sa prospérité ? La raison d'être de l'exogamie, même dans l'hypothèse de M. Durckheim, aurait été au fond un impératif téléologique et vital.

La Téléologie nous semble donc difficile à exclure complètement de la sociologie, en ne donnant pas à ce mot Téléologie un sens *moral*, toujours nécessairement conventionnel, mais un sens vital.

Ajoutons maintenant d'ailleurs, que la dialectique prétendue objective de M. Durckheim est au fond beaucoup moins objective qu'il ne le croit et même parfois assez dangereuse. L'article de M. Durckheim que nous venons de citer avait été construit sur des données empruntées en majeure partie à Fraser (*Totemism*) qui admettait alors l'exogamie du clan totémique.

Aujourd'hui, M. Frazer, dans un article de la *Fornightly Rev.*, 1899, intitulé : *The Origin of Totemism*, et dans ses *Observations on central-australian Totemism*, revient sur sa théorie ancienne et la renverse entièrement, du moins en ce qui concerne l'exogamie du clan totémique. D'après lui, ce qui est vrai aujourd'hui, « c'est que le groupe totémique, d'après ses traditions, paraît avoir été *endogame* ; les rapports sexuels

1. Durckheim, *op. cit.*, sub finem.

entre membres d'un même groupe sont même parfois obligatoires[1] ». Cette nouvelle manière d'envisager le clan totémique, si elle est exacte, ruine évidemment la théorie de M. Durckheim, dont le principe est que « l'exogamie est solidaire du clan totémique ». Des deux dialectiques, l'une soi-disant objective, l'autre idéologique et téléologique, c'est encore la seconde qui nous paraît la plus sûre dans le travail de reconstruction de l'évolution sociale.

1. Compte rendu de Fraser, *Année sociologique*, 1898-99, p. 218.

CHAPITRE III

L'IMITATION ET LES LOIS QUI S'Y RATTACHENT

Quand on parle de la vie des sociétés, il faut tenir compte à la fois des lois de causation et des lois d'évolution. Les secondes sont subordonnées aux premières. — Nous allons donc examiner les principales lois de causation, avec les lois d'évolution qui en sont les conséquences.

M. Tarde ramène à trois les lois essentielles de causation. Ce sont : 1° la loi d'Imitation ; 2° la loi d'Opposition ; 3° la loi d'Adaptation. C'est suivant ces trois lois que les consciences individuelles agissent et réagissent les unes sur les autres dans la vie sociale.

Invention et imitation sont deux termes corrélatifs. La cause des transformations sociales réside dans des initiatives individuelles qui, imitées et répétées à des milliers d'exemplaires, renouvellent la face du monde. On ne saurait trop insister sur cette puissance accumulatrice et multiplicatrice de l'imitation. M. Balicki remarque que l'influence émotionnelle qu'exercent les uns sur les autres les groupes inégaux et superposés n'est pas celle d'une suggestion mutuelle, mais bien d'une suggestion unilatérale, prestige et autorité d'une part, effacement et soumission de l'autre. D'après M. Tarde, la loi d'imitation agit de haut en bas ; mais exceptionnellement elle peut aussi agir de bas en haut. D'ailleurs, les imitations s'entrecroisent ; le même homme peut être inventeur à certains égards, imitateur à certains autres.

Les idées de Nietzche sur les initiatives individuelles ne sont pas sans offrir des analogies avec celles de M. Tarde. Mais Nietzche présente comme plus profonde, plus absolue que ne le fait M. Tarde, la distinction entre les initiateurs et les imitateurs, les esprits primesautiers et les natures moutonnières. Cela revient au fond à la distinction nietzchéenne des maîtres et des esclaves. Le « maître », la nature noble sait prendre une initiative sans craindre un seul instant l'opinion des autres; car, dit Nietzche, c'est le propre des « maîtres » de *créer des valeurs;* au contraire, les esprits moutonniers ne s'attribuent pas d'autre valeur que celle que les autres leur attribuent. Ils attendent le jugement des autres pour se juger eux-mêmes. C'est là la forme peut-être la plus misérable de servitude. « Il faut, dit Nietzche, attribuer à un prodigieux atavisme le fait que l'homme commun, aujourd'hui encore, *attend* une opinion sur lui pour s'y soumettre alors instinctivement : et non seulement se soumettre à une « bonne » opinion, mais même à une opinion mauvaise et injuste (qu'on songe par exemple à la grosse part d'appréciations et de dépréciations de soi que les femmes pieuses apprennent de leur confesseur, et qu'en général le croyant chrétien apprend de son église[1].»

Après avoir indiqué d'une manière générale le fait de l'Imitation, voyons quelles sont les lois d'évolution sociale qui s'y rattachent. Ces lois sont les suivantes : 1° passage de la coutume à la mode; 2° passage de l'Unilatéral au Réciproque; 3° loi de l'Irréversible en histoire; 4° loi d'Assimilation progressive.

La puissance de l'imitation est facile à constater dans les sociétés primitives. Certains sociologues[2] se sont demandé si la puissance d'imitation ne va pas en

1. Nietzche, *Par delà le Bien et le Mal*, § 261.
2. Bagehot, *Lois scientifiques du développement des Nations*, p. 115 (Paris, F. Alcan).

décroissant avec la civilisation. Ne s'imite-t-on pas moins dans les sociétés modernes que dans les sociétés primitives? La réponse est facile. La vérité est qu'on ne s'imite pas moins; on s'imite autrement. — On imite moins ses ancêtres, mais on imite plus ses contemporains même étrangers. On imite moins de gens en tout, mais plus de gens en quelque chose... En un mot, le règne de la *mode* se substitue au règne de la *coutume*. La lutte de la mode et de la coutume est peut-être le secret de toutes les luttes entre les partis conservateurs et les partis libéraux. M. Tarde qui pose cette loi du passage de la coutume à la mode croit pouvoir remarquer, il est vrai, que la mode elle-même tend à se cristalliser en coutume et qu'il y aurait ici un de ces *ricorsi* dont parle Vico. Il croit qu'une sorte de rythme tend à naturaliser les importations, à donner à l'usage venu de l'étranger la force d'une pratique autochtone et à nous ramener ainsi du cosmopolitisme au traditionalisme. — Pour M. Durckheim au contraire, une société qui s'est une fois soustraite à l'autorité de la tradition y reste soustraite à jamais.

On pourrait, ce nous semble, objecter à M. Tarde qu'il existe un grand nombre de modes qui disparaissent à peine nées et qui n'ont pas le temps de se cristalliser en coutume.

Une autre loi d'évolution relative à l'imitation est la loi du *passage de l'unilatéral au réciproque*. L'effet de l'imitation est de transformer à la longue en rapports mutuels les rapports unilatéraux.

A l'origine par exemple, la guerre n'était qu'une chasse humaine, la destruction ou l'expulsion de quelqu'un qui ne peut pas se défendre, d'une tribu pacifique par une horde de brigands. Les devoirs de politesse n'étaient pas réciproques entre les hommes; il n'y avait que des hommages et compliments faits aux chefs, seigneurs ou rois sans réciprocité. Il n'y avait pas d'enseignement ni de discussion mutuels; mais les chefs et les prêtres exerçaient seuls le monopole du commandement et du dogmatisme.

« Comment, se demande M. Tarde, la chasse humaine a-t-elle fait place à la guerre humaine, la crédulité au libre examen et le dogmatisme au mutuel enseignement? La docilité au libre consentement et l'absolutisme au self-government? le privilège à la loi égale pour tous, la donation ou le vol à l'échange? l'esclavage à la coopération industrielle? au mariage enfin tel que nous le connaissons, appropriation du mari par la femme et de la femme par le mari, le mariage primitif, appropriation de la femme par le mari sans nulle réciprocité? — Je réponds: par l'effet lent et inévitable de l'imitation sous toutes ses formes[1]. »

C'est par une cascade d'imitations du supérieur par l'inférieur que se sont généralisés les privilèges du premier. Le besoin d'imiter le supérieur, d'être cru, d'être obéi, d'être servi comme lui, était une force immense qui a poussé peu à peu aux transformations que nous avons vues. La souveraineté populaire telle qu'elle s'exerce aujourd'hui n'est que la multiplication à des milliers d'exemplaires de la souveraineté monarchique, et sans l'exemple de celle-ci, incarné notamment dans Louis XIV, qui sait si celle-là eût été jamais conçue? — Une troisième loi qui doit être regardée comme un corollaire de l'Imitation est la loi de l'Irréversible en histoire.

D'après M. Tarde, ce qui est capital dans l'histoire des sociétés est *irréversible*, c'est-à-dire ne peut se répéter à rebours dans le même ordre. — Une évolution sociale donnée est irréversible parce que des faits comme par exemple le passage du monopole à la liberté du commerce, de l'esclavage à la mutualité des services sont un corollaire des lois de l'imitation. — Or, ces lois peuvent cesser partiellement ou totalement

1. Tarde, *Les Lois de l'Imitation,* p. 405 (Paris, F. Alcan).

d'agir, et dans ce cas une société meurt, d'une mort partielle ou totale, mais elles ne peuvent pas se renverser. Ajoutons à cela que les courants d'imitation s'entrecroisent et s'entrelacent pour ainsi dire entre eux. Ces nœuds une fois noués ne peuvent plus se dénouer. — Pour les supposer dénoués, il faudrait admettre un bouleversement, un cataclysme complet de la civilisation.

Nous dirons maintenant quelques mots d'une autre loi d'évolution qui est également un corollaire des lois de l'Imitation. C'est la loi d'assimilation progressive dans les sociétés.

D'après M. Tarde, par suite de l'accumulation des imitations, les aspects de la vie sociale tendent à s'uniformiser. Un exemple est celui des toilettes masculines et féminines qui, après avoir été autrefois très différenciées comme coupes et comme tissus pour les diverses classes de la poputation et pour les diverses provinces de la France, tendent à s'uniformiser de plus en plus.

D'après M. Tarde, cette loi s'applique à tous les domaines d'activité sociale, et elle tend à transformer même la concurrence et la lutte, sous leurs diverses formes. « Par suite du rayonnement imitatif qui travaille incessamment et souterrainement pour ainsi dire à élargir le champ social, les phénomènes sociaux vont s'élargissant, et la guerre participe à ce mouvement. D'une multitude infinie de très petites, mais très âpres guerres entre petits clans, on passe à un nombre déjà bien moindre de guerres un peu plus grandes, mais moins haineuses entre petites cités, puis entre grandes cités, puis entre peuples qui vont grandissants, et enfin on arrive à une ère de très rares conflits très grandioses, mais sans férocité aucune, entre des colosses nationaux que leur grandeur même rend pacifiques[1]. »

1. Tarde, *Les Lois sociales*, p. 90.

« La concurrence, opposition sociale d'ordre économique et non plus politique, suit la même loi. Comme la guerre, la concurrence va du petit au grand, du petit très nombreux au grand très peu nombreux... »

La troisième grande forme de lutte sociale, la *discussion*, évolue suivant la même loi... Aux luttes verbales entre une multitude de petites coteries, de petits clans, de petites églises, de petites agoras, de petites écoles, se substitue après bien des polémiques l'opposition de quelques grands partis, de quelques grands groupes parlementaires, de quelques grandes écoles de philosophie ou d'art, entre lesquels se livrent de suprêmes combats[1].

C'est parce que les choses sociales quelconques, un dogme, une locution, un principe scientifique, un trait de mœurs, un procédé industriel, etc., tendent à se propager géométriquement par répétition imitative que le champ des actions et intéractions sociales s'élargit de plus en plus, que les oppositions s'atténuent en s'élargissant, et que l'humanité semble marcher vers une pacification en même temps qu'une uniformisation universelle.

Nous en avons ainsi terminé avec les différentes lois d'évolution qui se rattachent comme autant de corollaires à la loi fondamentale de l'Imitation. Il y aurait encore une étude intéressante à faire à propos de l'Imitation. Ce serait d'examiner quelles sont les conditions favorables ou défavorables à la suggestion imitative exercée par un esprit sur les autres. M. Tarde vient précisément de compléter sa théorie de l'Imitation par une intéressante enquête qu'il consacre à cet aspect subjectif du problème de l'Imitation[2].

M. Tarde examine les diverses conditions : physiques, physiologiques ou psychologiques de l'action

1. V. Tarde, *Les Lois sociales*, p. 100.
2. Voir l'article de M. Tarde : *L'action intermentale* (*La Grande Revue* du 1er novembre 1900).

intermentale, c'est-à-dire de l'action d'un esprit sur un autre esprit. Quelles sont les conditions de distance, d'âge, de sexe, de taille, d'énergie physique, de santé, de race, etc., qui influent sur la suggestivité des uns et la suggestibilité des autres dans le phénomène social de l'imitation? — Nous ne pouvons suivre M. Tarde dans les intéressants développements qu'il consacre à ces questions. Nous insisterons seulement sur les conclusions individualistes qui se dégagent du passage suivant : « Le privilège d'une suggestivité supérieure n'est pas attaché d'une manière permanente à une seule race; il se déplace d'âge en âge et tient à des circonstances historiques dont telle ou telle race a bénéficié. Il en résulte aussi que, à un moment donné, le fait d'appartenir à une race réputée supérieure, à tort ou à raison, rend un homme plus suggestif, plus impressionnant, plus propre à transmettre la contagion des idées et des actes. Mais cette suggestivité supérieure, qui tient à la race, est de plus en plus subordonnée à celle qui dérive de supériorités individuelles. Ajoutons que s'il n'y a pas de race née pour inventer toujours, pour commander et pour enseigner à tous égards et à jamais, il n'y a pas non plus de supériorité individuelle permanente et absolue. Le plus savant d'entre nous a quelque chose à apprendre du plus ignorant, le meilleur quelque exemple à prendre du pire. Aussi voit-on, dans une société en progrès, le commandement comme l'obéissance se fractionner et devenir ainsi de plus en plus réciproque. Par le travail et l'échange généralisés, chacun de nous est le serviteur de ceux pour qui il travaille et le maître de ceux qui travaillent pour lui[1]. »

1. *Grande Revue* du 1er novembre 1900, p. 330.

CHAPITRE IV

LOIS DE L'OPPOSITION ET DE LA DIFFÉRENCIATION SOCIALES

L'Invention et l'Imitation ne sont pas les seules forces génératrices de l'évolution sociale. Les courants imitatifs *s'opposent* les uns aux autres ; ils interfèrent dans les cerveaux individuels et y déterminent des adaptations qui deviennent elles-mêmes le point de départ de nouveaux courants imitatifs.

L'opposition ou lutte est une loi non moins nécessaire que l'Imitation. Nous allons en étudier maintenant la nature et les effets.

Les oppositions sociales, d'après M. Tarde, sont de trois sortes : oppositions de *série*, oppositions de *degré* et oppositions de *sens* ou de signe.

Les oppositions de série sont des oppositions de phénomènes qualitatifs présentant des phases successives contraires. — Un exemple d'opposition de série consisterait dans ces évolutions et contre-évolutions, dans ces *ricorsi* que certains sociologues ont imaginés dans la marche des phénomènes sociaux. L'opposition de *degré* est une opposition de nature quantitative. Elle s'appelle augmentation ou diminution, croissance ou décroissance, hausse ou baisse. Exemples : la hausse et la baisse de tel genre de criminalité, du suicide, de la natalité, de la matrimonialité, etc. Enfin les oppositions que M. Tarde appelle oppositions de *sens* ou oppositions diamétrales sont un conflit entre deux forces opposées, luttant simultanément pour la vie et pour l'influence.

Les oppositions de sens peuvent être elles-mêmes de deux sortes : extérieures ou intérieures. On peut appeler oppositions extérieures les oppositions de tendances, qui existent entre plusieurs hommes ou plusieurs groupes d'hommes. On appellera internes les oppositions qui se produisent entre tendances diverses d'un même homme.

Les oppositions externes ne sont pas du tout la même chose que les oppositions internes. En un sens, ces deux espèces de luttes sont incompatibles. En effet, dit M. Tarde, « c'est seulement quand la lutte interne a pris fin, quand l'individu, après avoir été tiraillé entre des influences contradictoires, a fait un choix, a adopté telle opinion ou telle résolution plutôt que telle autre, c'est quand il a fait ainsi la paix en soi-même que la guerre devient possible entre lui et les individus qui ont fait un choix opposé[1] ».

D'après M. Tarde, l'opposition sous ses trois formes, opposition de série, de degré et de sens, ne possède qu'un caractère accidentel, non permanent et nécessaire. C'est à tort qu'on croirait à des oppositions de série éternellement renaissantes (*ricorsi* de Vico) ou à des alternatives nécessaires d'augmentation et de diminution, de croissance et de décroissance dans la civilisation humaine. Il n'y a pas plus de régression nécessaire que de réversibilité nécessaire.

Enfin, c'est à tort également, selon M. Tarde, que l'on croirait à la nécessité et à l'éternité des oppositions de sens dans l'évolution des sociétés. Pour M. Tarde, l'opposition n'est qu'une période de transition entre l'imitation et l'adaptation. Elle ne joue qu'un rôle négatif. Sans l'invention et la propagation imitative de l'invention dues non à la mêlée des égoïsmes, mais à

1. Tarde, *Les Lois sociales*, p. 79.

l'instinctive sympathie qui rend les hommes sociables, la concurrence est impuissante et malfaisante. La lutte a aussi un caractère provisoire. Les luttes vont en s'élargissant et en s'atténuant. Un jour viendra où elles disparaitront. Le progrès consiste à substituer à la rivalité confuse des intérêts qui s'opposent la délimitation précise des droits qui s'accordent.

Nous croyons que M. Tarde a raison sur les deux premiers points. Nous ne croyons pas à la nécessité des *ricorsi* historiques ni à celle des alternatives de croissance et de décroissance dans la civilisation. Nous croyons qu'il n'y a pas de raison pour que la quantité de connaissances et de richesses ne continue pas à s'accroître indéfiniment dans l'humanité.

Mais nous nous séparons de M. Tarde sur la question du caractère accidentel ou nécessaire des oppositions de *sens*. Nous croyons à la nécessité et à l'éternité de la lutte entendue de cette dernière manière. La lutte ne disparaîtra pas tant qu'on n'aura pas fait disparaître la diversité des individus, laquelle est bien un fait permanent et indestructible. A cause de cette diversité, les individus continueront, quoi qu'on fasse, à se dresser les uns en face des autres comme autant d'égoïsmes armés, autant de volontés de puissance distinctes et irréductibles. Irréductibles tant par leurs intérêts, leurs besoins et leurs désirs que par leur manière originale et personnelle de sentir et de refléter le monde. M. Tarde semble lui-même le reconnaitre. « Le progrès social, dit-il, n'est pas dû à l'hostilité, quelque forme qu'elle revête, mais à l'ambition et à l'amour père de l'Invention et de l'Imitation. » Mais qu'est-ce que cette ambition dont parle M. Tarde. sinon une forme de la volonté de puissance et de lutte? Et quelle est l'ambition qui ne suppose pas un obstacle à renverser, un adversaire à combattre? Suivant nous, M. Simmel a raison contre M. Tarde quand il admet le caractère essentiel et indestructible de l'élément lutte dans la vie des sociétés[1]. Nietzche a raison de dire qu'il faut prendre « les penchants haine, envie, cupidité, esprit de domination comme des tendances essentielles à la vie, comme quelque chose qui, dans l'économie générale de la vie, doit exister profondément, essentiellement[2] ».

L'Évolution ne nous montre nullement une diminution d'égoïsme et d'antagonisme dans les rapports humains. Au contraire, la caractéristique de notre époque semble être une extrême intensification des égoïsmes collectifs, égoïsmes de races, de classes, de partis, de corporations, etc. Qu'on médite l'exemple fourni par l'égoïsme anglais dans la guerre sud-africaine.

Nous croyons que les égoïsmes de groupes n'ont jamais été plus armés qu'aujourd'hui. En admettant que les consciences individuelles se soient affinées au cours de l'évolution et soient devenues accessibles à des sentiments plus délicats et plus humains que ceux de l'humanité primitive, la conscience sociale reste aussi égoïste. aussi ambitieuse et cupide, à l'occasion, aussi tyrannique et oppressive que jamais.

On parle des vertus pacificatrices de la solidarité. Mais il ne faut pas perdre de vue qu'à une solidarité croissante répond aussi une hostilité, une rivalité plus marquée de groupe à groupe ainsi qu'une dépendance plus grande de l'individu vis-à-vis du groupe. — Il ne faut pas. comme nous l'avons déjà remarqué, que ce vocable de *solidarité*, devenu un truisme, fasse illusion, Un économiste contemporain, M. Vilfredo Pareto, fait sur ce point d'intéressantes remarques. « Les termes, dit-il, finissent, par l'usage qu'on en fait, par perdre toute signification. Tel est par exemple le terme de « so-

1. Simmel, *Comment les formes sociales se maintiennent*, sub finem.
2. Nietzche, *Par delà le Bien et le Mal*, § 23.

lidarité », à la mode en ce moment. A la fin du XVIIIe siècle, il fallait être « sensible »; en 1848, la « fraternité » était fort en honneur; depuis, son crédit a beaucoup baissé; maintenant il faut être « solidaire ». Ce terme, par l'abus qu'on en fait, finit par s'appliquer à tout... Les protectionnistes par exemple invoquent la solidarité. Ils affirment que les droits protecteurs rendent solidaires patrons et ouvriers. Pauvres âmes innocentes, c'est seulement l'amour de la solidarité qui les pousse à demander le droit de se faire payer tribut par leurs concitoyens. J'ai entendu une personne fort instruite affirmer, dans un discours public, que « la science ne mérite pas ce nom, si elle ne développe pas les sentiments de solidarité ». A ce compte, la géométrie n'est pas une science; car il serait difficile de lui découvrir la moindre influence sur la « solidarité ». Du reste, dans quel discours public, depuis le toast le plus insignifiant jusqu'au discours d'un ministre, le terme de « solidarité » manque-t-il ? Les gens qui l'emploient semblent avoir perdu le sens du ridicule, et il n'y a plus de Voltaire ou de Molière pour le leur rappeler.

» Il faut refaire le *Tartufe*. Soyez certain, que de nos jours, c'est au nom de la solidarité que Tartufe voudrait séduire Elmire et dépouiller le bonhomme Orgon... La solidarité est tout simplement un nouveau nom donné à un genre d'égoïsme des plus malsains [1]. »

Ne craignons pas d'avouer que l'opposition et la lutte restent une catégorie essentielle et nécessaire de la vie sociale. Qu'on se reporte à ce que dit Machiavel de l'utilité des luttes entre le sénat et le peuple pour la formation de la puissance romaine [2].

Il y a quelque vérité dans le paradoxe de M. Durckheim « que le crime est nécessaire, qu'il est lié aux conditions fondamentales de toute vie sociale, et par cela même

1. Vilfredo Pareto, *Le Péril socialiste* (1900), p. 26.
2. Machiavel, *Discours sur Tite-Live*, I.

utile[1] », et dans celui de Poletti d'après lequel « la coïncidence de ces deux progressions : de la progression malfaisante et de la progression laborieuse, n'est pas accidentelle et déplorable, mais bien inévitable, et dénote que le crime et le travail, le crime et le génie puisent aux mêmes sources leur vitalité». M. Durckheim donne plusieurs raisons de ce rôle utile de la criminalité, en voici une entre autres : Supposez, dit-il, par impossible, une société où il ne se commette plus un seul homicide, un seul vol, ni le moindre attentat contre les mœurs ; cela ne pourra tenir qu'à un excès d'unanimité et d'intensité de la conscience publique dans la réprobation de ces actes ; et la conséquence déplorable sera que, devenue plus exigeante à raison même des satisfactions reçues par elle, cette conscience collective se mettra à incriminer avec une sévérité extravagante les plus légers actes de violence, d'indélicatesse ou d'immoralité ; on sera comme dans un cloître où faute de péchés mortels, on est condamné au cilice et au jeûne pour les plus vénielles des pécadilles. « Par exemple, les contrats indélicats ou indélicatement exécutés qui n'entraînent qu'un blâme public ou des réparations civiles deviendront des délits... Si donc cette société se trouve armée du pouvoir de juger et de punir, elle qualifiera ces actes de criminels et les traitera comme tels[2]. » Ainsi même le crime a son utilité morale. Il prévient une pression trop tyrannique exercée par l'opinion publique, par la conscience collective, sur l'individu.

Ce rôle utile de la criminalité elle-même fait penser aux pages profondes dans lesquelles Hartmann esquisse

1. Voir dans *La Culture des Idées* de M. Rémy de Gourmont le développement de l'idée que la Justice absolue est identique à l'inertie et à la mort. « La vie qui aurait passé par ce point mort de la justice absolue ne pourrait plus vivre » (p. 95).

2. Tarde, *Criminalité et Santé sociale. Etude de psychologie sociale*, p. 145.

une sorte de « kakodicée » ou justification du mal dans l'existence des sociétés. « Faust, dit ce philosophe, appelle du nom de Méphistophélès cette puissance qui éternellement veut le mal et qui éternellement engendre le Bien. Gœthe a trouvé en cet endroit la meilleure expression pour rendre le rôle de ce « Diable absurde » dont parle la légende allemande, qui est toujours déçu par les buts qu'il se propose et dont les efforts aboutissent au contraire de ce qu'il a voulu. Chaque volonté perverse individuelle doit aussi être regardée comme une partie de cette Puissance qui éternellement veut le Mal et perpétuellement engendre le Bien. »

« La volonté perverse ne joue pas dans l'univers un rôle purement négatif; elle n'e t pas un accident qu'il faille éliminer. Mais elle est quelque chose de positif et représente un facteur essentiel du procès téléologique inconscient...

» Pour celui qui est habitué à ce point de vue d'une téléologie inconsciente, d'après les conceptions de Schelling et d'Hegel, pour celui-là il est indubitable que les conséquences utiles indirectes du Mal ne sont qu'un cas particulier de la loi historique générale qui veut que les hommes sachent rarement et obscurément les buts auxquels ils tendent et que ces buts se transforment dans leurs mains en fins toutes différentes. Cela peut être appelé l'Ironie de la nature et n'est qu'une suite des ruses de l'Idée inconsciente[1]... »

Ce langage exprime métaphysiquement cette vérité de fait que la lutte qu'un optimisme superficiel voudrait supprimer, est un facteur éternel et utile, au point de vue vital, de l'évolution sociale. Lutte des individus entre eux, lutte des groupes entre eux, lutte de l'Individu contre le groupe et du groupe contre l'individu,

1. E. von Hartmann, *Das sittliche Bewusstsein* (Leipzig Haacke), p. 589.

toutes ces formes de lutte sont inévitables et éternelles. Cet état de lutte est d'ailleurs moins défavorable qu'on ne le supposerait à la liberté de l'Individu. Car l'individu qui trouve en face de lui plusieurs groupes en lutte peut trouver dans un de ces groupes un recours contre l'autre. Il peut en appeler d'une force sociale oppressive à une autre force hostile à la première. L'homme qui n'appartient qu'à un cercle social est bien plus dépendant, — matériellement et intellectuellement, — que celui qui peut appartenir à plusieurs, passer de l'un à l'autre et opposer dans sa propre conscience leurs disciplines sociales antagonistes. Montesquieu remarquait que la séparation et le conflit possible des pouvoirs politiques était une garantie de liberté pour le citoyen. On peut élargir cette pensée et l'étendre à toute la sphère de la vie sociale. Les influences de groupe étant souvent oppressives de l'individu, ce dernier a intérêt à voir les groupes en conflit; il peut ainsi les dominer ou du moins leur échapper. La vieille formule : *Divide ut imperes*, pourrait être transformée en celle-ci : *Divide ut liber sis.*

L'opposition sociale, étant un fait social éternel et nécessaire, rentre dans la définition que nous avons donnée des lois de causation, c'est-à-dire des lois qui formulent l'action d'éléments immuables, de facteurs éternels de la vie des sociétés. Les faits qui sont l'objet de ce genre de lois sont ce que M. Xénopol [1] appelle des « faits de répétition », c'est-à-dire des faits qui se répètent constamment identiques à eux-mêmes et qui ne se modifient pas au cours de la durée. Aux faits de répétition s'opposent, suivant M. Xénopol, les « faits successifs », c'est-à-dire ceux qui « par suite d'influences diverses, se modifient dans le temps ».

La loi de Différenciation sociale rentre dans cette

1. Xénopol, *Les Faits de répétition et les Faits de succession* (*Revue de Synthèse historique*, octobre 1900.)

dernière définition. Elle est une loi d'évolution qui exprime l'orientation des énergies sociales dans un certain sens.

La loi de Différenciation peut être regardée comme une conséquence de la loi générale d'opposition. C'est parce que les cercles sociaux et les influences sociales s'opposent que, dans la vie sociale, les rapports sociaux se diversifient et se compliquent de plus en plus.

Cette loi avait déjà été formulée par J.-J. Rousseau : « Du tumulte des sociétés, dit Rousseau, naissent des multitudes de rapports nouveaux et souvent opposés, qui tiraillent en sens contraires ceux qui marchent avec ardeur dans la route sociale[1]. »

Simmel est un de ceux qui ont le plus insisté sur cette loi. D'après lui, « l'histoire multiplie le nombre des cercles sociaux, religieux, intellectuels, commerciaux, auxquels les individus appartiennent, et n'élève leur personnalité que sur l'implication croissante de ces cercles. Par suite, leur devoir n'est plus relativement simple, clair, unilatéral, comme au temps où l'individu ne faisait qu'un avec sa société.

« La différenciation croissante des éléments sociaux, la différenciation correspondante des éléments psychologiques dans la conscience, toutes les lois du développement parallèle des sociétés et des individus semblent bien plutôt devoir augmenter que diminuer le nombre et l'importance de ces conflits[2]. »

En partant de ce qui précède, on pourra distinguer deux espèces de différenciation : la différenciation externe et la différenciation interne.

La différenciation externe consiste dans la complication croissante des rapports sociaux qui enveloppent l'individu, la différenciation interne dans la complication croissante des sentiments, des idées et des

1. Rousseau, *Dialogues*, dialogue II.
2. Bouglé, *Les Sciences sociales en Allemagne*, p. 57.

croyances dans les consciences individuelles. Ces dernières deviennent, au fur et à mesure de l'évolution plus complètes et plus délicates, plus multilatérales. « L'histoire en même temps qu'elle rend plus nombreux les objets de la morale, en rend les sujets plus sensibles. »

Le monisme moral est une hypothèse superficielle contre laquelle prévaudront de plus en plus le nombre et l'importance croissante des conflits moraux.

CHAPITRE V

ANTAGONISME DES DEUX LOIS D'ASSIMILATION ET DE DIFFÉRENCIATION SOCIALE

Nous nous trouvons en présence de deux lois contraires : la loi de différenciation sociale, d'après laquelle l'évolution sociale consiste dans une marche du grand au petit, du simple au complexe, de l'homogène à l'hétérogène, et la loi d'assimilation sociale progressive d'après laquelle cette évolution consiste dans un passage du petit au grand, de l'hétérogène à l'homogène. Cette dernière loi est un corollaire des lois de l'Imitation, de même que la différenciation progressive est un corollaire des lois de l'opposition. D'après la loi d'assimilation progressive (Tarde), l'humanité marcherait vers un monisme absolu, vers un conformisme complet, scientifique, technique, intellectuel, esthétique et moral[1]. D'après la loi de différenciation progressive (Simmel), les formes sociales et les consciences individuelles iraient en se compliquant et se diversifiant de plus en plus.

Telles sont les deux lois antagonistes qui semblent se disputer l'influence dans l'évolution des sociétés. Dans quelle mesure agissent-elles ? Comment combinent-elles leurs effets ? Quelle est celle de ces deux

1. M. Tarde ne pose pas d'ailleurs ce monisme comme un idéal absolument désirable. Il en reconnaît les dangers. « Puisse, dit-il, pour les libres esprits, se prolonger cette inappréciable anarchie intellectuelle qu'Auguste Comte déplorait ! » (Tarde, *Les Lois de l'Imitation*, p. 313).

lois qui l'emportera ? Ce sont là peut-être les plus difficiles questions que puisse se poser le sociologue.

Nous nous contentons de poser ici ce problème, en indiquant quelques données pour sa solution. Il faut ici, croyons-nous, établir une distinction nécessaire. Il est un domaine où l'assimilation des pensées se fait et se fera vraisemblablement de plus en plus complètement. C'est le domaine scientifique. — Cette universalité dans l'adhésion des intelligences aux vérités scientifiques tient d'ailleurs à des causes psychologiques et logiques plutôt qu'à des causes sociales. Car la vraie raison de l'assimilation croissante des intelligences dans ce domaine n'est autre que le caractère relativement objectif, impersonnel, des vérités scientifiques.

Il est encore un domaine où la loi d'assimilation l'emportera vraisemblablement. C'est le domaine de l'économique et de la technique. La raison en est que ces deux branches de l'activité humaine sont étroitement liées à la culture scientifique et que l'assimilation croissante des esprits sur le terrain scientifique entraînera une assimilation analogue sur le domaine de l'économique et de la technique. Le costume même, comme faisant partie de l'économique, tendra peut-être et tend déjà à devenir uniforme.

Mais il est un autre grand domaine qui restera livré, suivant nous, à la loi de la différenciation sociale et où s'épanouiront en toute liberté la diversité et l'originalité individuelles. C'est le domaine esthétique et moral. Ce domaine restera celui de l'initiative et de l'inspiration individuelles. De plus en plus l'esthétique de l'avenir, la religion et la morale de l'avenir seront anomiques. Chacun se fera de plus en plus à ses risques et périls son idéal de beauté et de vérité morale ; chacun courra pour son propre compte le καλὸς κίνδυνος de la pensée métaphysique et esthétique. La conduite de l'Individu sera dominée non par des dogmatismes moraux et sociaux plus ou moins étroits, mais par un idéal qu'il se sera fait lui-même.

Suivant nous, la différenciation et l'individualisme ne reculeront jamais sur le terrain esthétique et moral, devant les progrès de l'uniformité. Le monisme esthétique et moral, s'il était réalisable, serait la torpeur, la mort même de l'humanité. Comme le croyait le vieil Héraclite, la lutte seule et la diversité sont capables d'engendrer la Vie et la Beauté.

M. Tarde, tout partisan qu'il soit de la loi de l'assimilation progressive, aboutit pourtant à un individualisme final qu'il expose ainsi à la fin de son livre sur *Les Lois de l'Imitation:* « Il se peut que le flux de l'imitation ait ses rivages et que, par l'effet même de son déploiement excessif, le besoin de sociabilité diminue ou plutôt s'altère et se transforme en une sorte de misanthropie générale, très compatible d'ailleurs avec une circulation commerciale modérée et une certaine activité d'échanges industriels réduits au strict nécessaire, mais surtout très propres à renforcer en chacun de nous les traits distinctifs de notre individualité intérieure. Alors éclora la plus haute fleur de la vie sociale, la vie esthétique qui, exception si rare encore et si incomplète parmi nous, se généralisera en se consommant, et la vie sociale, avec son appareil compliqué de fonctions assujettissantes, de redites monotones, apparaîtra enfin ce qu'elle est, comme la vie organique dont elle est la suite et le complément: à savoir un long passage, obscur et tortueux, de la diversité élémentaire à la physionomie personnelle, un alambic mystérieux, aux spirales sans nombre, où celle-là se sublime en celle-ci, où lentement s'extrait, d'une infinité d'éléments pliés, broyés, dépouillés de leurs caractères différentiels, ce principe essentiel si volatil, la singularité profonde et fugitive des personnes, leur manière d'être, de penser, de sentir, qui n'est qu'une fois et qui n'est qu'un instant[1]. »

1. Tarde, *Les Lois de l'Imitation*, fin.

La science pourra assimiler les phénomènes dans ses formules de plus en plus larges. Elle n'assimilera pas les âmes au point de les identifier, au point de détruire ce je ne sais quoi d'individuel qui faisait dire à Schopenhauer : *Omne individuum ineffabile.* Non, pas plus que l'assimilation croissante des forces et des êtres de la nature opérée par la mécanique et la physique ne suppriment dans l'univers l'infinie diversité et la toujours renaissante individualité des choses.

Il ne peut être question d'opposer ici, comme certains l'ont fait, la Morale et l'Esthétique à la Science. Nous croyons au contraire que le progrès moral et même esthétique peut être étroitement lié au progrès scientifique[1].

Mais la vérité esthétique et morale n'en reste pas moins différente, — plus subjective et plus complexe de la vérité scientifique. Elle ne se laisse pas emprisonner dans d'exactes formules mathématiques et laisse plus de champ à l'invention de chacun.

La science, par son progrès même, semble élargir le domaine dans lequel se meut la pensée esthétique et morale. En brisant les dogmatismes étroits et grossiers du passé, dogmatismes qui cachaient toujours une arrière-pensée politique et un égoïsme de groupe, la science a affranchi l'individu et l'a mis ou plutôt remis en présence de la nature. Elle a du même coup renouvelé et diversifié à l'infini les points de vue esthétiques et moraux de l'humanité.

Pendant des siècles, l'humanité a « pensé petitement », suivant l'expression de Nietzche. Elle pensait alors aussi étroitement au point de vue moral qu'au point de vue scientifique. Sa pensée s'est élargie simultanément au point de vue scientifique et au point de vue moral.

1. Voir sur ce point Guyau, les *Problèmes de l'Esthétique contemporaine* (Paris, F. Alcan).

Il serait inexact d'opposer ces deux termes : science et individualisme. Individualiste, la science l'est d'abord par l'esprit de libre recherche, de non-conformisme intellectuel qui l'inspire. Descartes, en même temps qu'il est le fondateur de la science moderne, est le père de l'individualisme.

Individualiste, la science l'est aussi par ses résultats. Elle a brisé tous les dogmatismes métaphysiques, moraux et sociaux au nom desquels on prétendait imposer une norme uniforme aux esprits, aux cœurs et aux volontés. En exposant sa *Morale sans obligation ni sanction*, Guyau nous a montré ce que peut être la Morale issue de l'Esprit scientifique. On se rappelle que tous les équivalents de l'impératif catégorique qu'il propose dans ce livre sont empruntés aux idées scientifiques et en même temps qu'ils consacrent l'absolue autonomie, l'absolue anomie de l'individu. Il n'y a donc rien de contradictoire entre l'esprit scientifique et la marche progressive des idées d'émancipation individualiste. Nous pouvons admettre que dans l'avenir les deux lois d'assimilation et de différenciation agiront concurremment. L'Évolution sociale apportera de plus en plus d'uniformité entre les hommes en ce qui concerne les connaissances scientifiques, ainsi que le régime économique et la technique industrielle. Mais l'activité esthétique et morale restera le domaine de la différenciation et de la diversité. La complication et la diversité croissante des relations sociales, la richesse croissante de la vie esthétique et morale, la conscience de plus en plus délicate et de plus en plus complète que l'humanité prendra d'elle même dans chaque individu, tout cela offre aux aspirations individualistes une carrière illimitée.

Ainsi l'individu ne s'absorbera jamais dans un monisme stérile, dans une triste et monotone uniformité. L'humanité échappera à ce faux idéal. Telle religion, telle civilisation pourra peut-être encore, comme cela a eu lieu dans le passé, se cristalliser dans tel dogme métaphysique, scientifique ou moral. Mais l'humanité, dans son ensemble, ne veut pas de dogmes et les brise les uns après les autres. « Quelle que soit la tendance de l'homme nouveau, dit M. Jaurès, à s'agrandir de toute la vie humaine et de toute la vie du monde, c'est l'individu qui restera toujours à lui-même sa règle. C'est par un acte libre qu'il se donnera aux autres hommes. Et il demandera toujours à l'univers comme aux autres hommes le respect de sa liberté intérieure[1]... »

Il n'y a donc point d'incompatibilité entre la science et l'Individualisme, à condition que la science ne veuille pas s'ériger en papauté nouvelle, en « pédantocratie », suivant une expression de Comte, à condition qu'elle n'oublie pas le caractère irrémédiablement relatif et symbolique de ses constructions, à condition qu'elle réserve toujours les droits de l'avenir, c'est-à-dire ceux de l'individu, à condition qu'elle ne se croie jamais le droit de se fixer dans quelque formule étroite et dogmatique, telle que l'adaptation au milieu de Spencer ou la symbiose de M. Izoulet, à condition enfin qu'elle respecte, elle aussi, l'individu.

1. Jaurès, *Socialisme et Liberté*, *Revue de Paris*, 1er décembre 1898.

CHAPITRE VI

L'ADAPTATION SOCIALE ET LE PROGRÈS

Au nombre des lois permanentes de l'évolution sociale, à côté de l'Imitation et de l'Opposition, nous avons placé l'Adaptation.

Grâce à cette loi, des courants imitatifs interfèrent d'une façon harmonique; ils convergent dans le cerveau d'un individu pour y déterminer une invention. C'est donc le cerveau, le génie individuel de l'inventeur qui est le siège véritable de toute adaptation sociale. L'individu, par son pouvoir propre de concentration des influences ambiantes devient le *primum movens* de toute une orientation nouvelle de l'évolution sociale. Toute découverte consiste en une rencontre mentale de connaissances déjà anciennes. En quoi consiste la thèse de Darwin? à avoir proclamé la concurrence vitale? Non; mais à avoir pour la première fois combiné cette idée avec celles de variabilité et d'hérédité.

Les adaptations sociales, en s'accumulant ou en se substituant les unes aux autres, donnent naissance au progrès.

Nous allons dire quelques mots ici de cette notion de progrès.

Il est bien entendu que nous ne prenons pas ici ce mot dans un sens absolu et métaphysique, mais dans un sens relatif et tout humain. Il s'agit pour nous de ce que M. Bagehot appelle quelque part le progrès « vérifiable[1] ». Quelle idée nous ferons-nous de ce progrès vérifiable?

1. Bagehot, *Lois scientifiques du développement des Nations.*

M. Bagehot, comparant un village de colons anglais à une tribu d'indigènes australiens, ramène aux trois points suivants le contenu de l'idée du Progrès : « Si nous laissons de côté les points les plus élevés de la morale et de la religion, je crois que les avantages les plus clairs et les mieux reconnus des Anglais sont ceux-ci : premièrement, ils ont en somme un plus grand empire sur les forces de la nature. Secondement, ce pouvoir n'est pas seulement extérieur, il est aussi intérieur. Les Anglais ne possèdent pas seulement de meilleures machines pour agir sur la nature, ils sont eux-mêmes de meilleures machines... Troisièmement, l'homme civilisé n'exerce pas seulement sur la nature un pouvoir plus étendu, mais il sait aussi s'en servir mieux. Quand je dis mieux, j'entends qu'il en tire un meilleur parti pour la santé et le bien-être de son corps et de son esprit... Ces trois avantages sont résumés pour la plus grande partie, sinon en entier dans cette phrase de M. Spencer : que le progrès est un accroissement dans l'adaptation de l'homme à son milieu, c'est-à-dire dans l'adaptation de ses forces et de ses désirs intérieurs à sa destinée et à sa vie extérieure[1]. »

La conception du Progrès présentée par M. de Greef dons son livre *Le Transformisme social* se rapproche de la précédente. Elle se rattache aussi aux idées de M. Spencer. « Le progrès social, dit M. de Greef, est en raison directe de la masse sociale, de la différenciation de cette masse et de la coordination des parties différenciées. » M. Tarde reproche avec raison à ces définitions d'être trop exclusivement mécaniques et pas assez téléologiques. « Si je vois, dit-il, que les sociétés, en se divisant et en se coordonnant, se perfectionnent, je vois aussi que souvent, — sous les apparences d'un même labeur, elles travaillent à atteindre

1. Bagehot, *Lois scientifiques du développement des Nations*, p. 227.

des fins toutes différentes et que cet idéal caractéristique où se suspend le tissu plus ou moins compliqué de leurs activités lui donne seul son prix et son rang véritables. Parmi les sociétés, les unes en travaillant, songent à la guerre et à la gloire, les autres au commerce et à la richesse; les autres au salut des chrétiens et à la vision éternelle de Dieu, les autres au plaisir et à l'amour. Sous des dehors tout semblables parfois, une civilisation voluptueuse et une civilisation ambitieuse n'en diffèrent pas moins essentiellement, et c'est d'après l'élévation de leur idéal, non d'après la division ou la cohésion de leur travail en vue de cet idéal, qu'il est permis de les classer[1].

D'après M. de Roberty, le progrès consiste avant tout dans le développement de ce qu'il appelle la *série mentale* ou *intellectuelle*, vaste hiérarchie composée de quatre grandes classes de conceptions qui se suivent dans un ordre nécessaire et régulier : les idées scientifiques, les idées philosophiques et religieuses, les idées esthétiques et les idées pratiques ou techniques. Le progrès scientifique domine et entraîne tous les autres. « Le progrès de la connaissance est la seule espèce possible de progrès social. Tout phénomène qui, dans n'importe quelle autre branche de l'activité collective, s'offre à nos yeux comme un progrès doit pouvoir exprimer ou appliquer un surcroit de connaissance, doit pouvoir donner corps à une idée théorique. Lorsqu'il devient avéré que tel n'est pas le cas, la prétendue marche en avant dans l'art, dans la politique, dans l'industrie, dans la philosophie, dans les mœurs, dans les lois, n'est qu'une illusion qui souvent recouvre un recul, une déchéance[2]. » A cette question : Le Progrès existe-t-il ? M. de Roberty répond affirmativement. Le progrès scientifique existe. Il est de l'essence du savoir non

1. Tarde, *Études de Psychologie sociale*, p. 112.
2. De Roberty, *Les Fondements de l'Ethique*, p. 126. Paris, F. Alcan.

seulement de s'accroître dans un cerveau individuel, mais encore de se répandre au dehors, d'envahir les cerveaux mis en contact avec le premier. Et cela indéfiniment, selon notre mesure humaine, à travers les générations et les époques successives. Le progrès scientifique rend possibles toutes les autres formes de progrès.

Voyons maintenant quelles sont les Espèces du Progrès.

M. Tarde les ramène à deux : le progrès par accumulation et le progrès par substitution. Il y a des découvertes ou des inventions qui ne sont que substituables, d'autres qui sont accumulables. Un problème posé suscite toutes sortes d'inventions, d'imaginations contradictoires, apparues ici ou là, disparues bientôt, jusqu'à la venue de quelque formule claire, de quelque machine commode qui fait oublier tout le reste et sert désormais de base fixe à la superposition des perfectionnements, des développements ultérieurs.

La lutté entre les inventions rivales qui cherchent à se substituer l'une à l'autre donne lieu à ce que M. Tarde appelle les *combats logiques*. Les soudures d'inventions dans le sens du progrès donnent naissance à ce que ce sociologue appelle *unions logiques*. D'après lui, ce sont ces combats logiques et ces unions logiques qui remplissent tout le champ de l'histoire.

M. Tarde distingue à un autre point de vue le progrès inventif et le progrès imitatif. Ce dernier progrès, dans une société, provient de l'intervention d'influences extérieures. Le premier provient d'une action interne ; il est l'expression des énergies propres d'une société.

Les causes du progrès sont multiples. On peut les ranger sous trois titres : 1° causes d'ordre mécanique ; 2° d'ordre physiologique ; 3° d'ordre psychologique et moral.

M. Spencer donne de la manière suivante la formule de la condition mécanique du progrès : toute évolution est un gain de matière accompagné d'une perte relative de mouvement et toute dissolution l'inverse. M. Tarde traduit cette formule mécanique en disant que tout développement vivant ou social est un accroissement d'organisation compensé ou plutôt obtenu par une diminution relative du fonctionnement[1].

Au point de vue physiologique, il faut invoquer avec les Darwiniens, comme facteurs du Progrès, la concurrence vitale et la survie des plus aptes. Faut-il ajouter l'hérédité des caractères acquis? Cette question est encore aujourd'hui une des plus controversées en biologie. Weismann, comme on sait, admet la non-transmissibilité des caractères acquis pendant la vie de l'individu. Les Lamarckiens admettent l'hypothèse contraire.

Voici comment un sociologue contemporain résume l'état actuel de la question : « La victoire, dit M. Matteuzi, est désormais assurée aux Néo-Lamarckistes, et ainsi se présente à la biologie un champ encore très vaste à explorer. Avec la théorie de Weismann, tout se limitait à la sélection naturelle... Au contraire, avec le principe de l'école adverse, le problème de l'hérédité des caractères s'impose à l'examen. — Or, si les sociologues avaient pleinement accepté les théories de Weismann, comme l'a fait M. Kidd, ils seraient fatalement tombés dans l'erreur, au moins pour les théories qui auraient eu pour fondement des lois biologiques d'une telle nature. Il aurait fallu attribuer tout perfectionnement organique à la lutte pour l'existence, en négligeant les facteurs plus simples et plus généraux de l'influence du milieu et de l'hérédité des caractères acquis[2]. »

Nous admettrons pour notre part les conclusions de M. Matteuzi. La théorie de Weismann nous paraît

1. Voir Tarde, *Les Lois de l'Imitation*, p. 165.
2. Docteur A. Matteuzi, *Les Facteurs de l'Évolution des Peuples* (Paris, F. Alcan, 1900), p. 18.

aboutir à une impasse. Qu'est-ce que ce *Keimplasma* immuable de génération en génération pour chaque espèce et chaque race? Que sont ces types de races à jamais immobilisés et soustraits à toute variabilité? Admettre de semblables principes n'est-ce pas tomber en plein mysticisme biologique? Il faut pourtant que ces types primordiaux se soient formés, et comment se seraient-ils formés sinon par l'accumulation des actions du milieu et la transmission des variations individuelles?

Suivant nous donc, il faut ajouter la transmissibilité des caractères acquis aux autres causes du progrès : la concurrence vitale et la survie des plus aptes.

Dans l'ordre psychologique et moral, nous citerons deux facteurs importants du progrès. L'un est ce sentiment de *mécontentement* qui pousse l'individu non satisfait à modifier son milieu et ses conditions externes d'existence. Ce sentiment joue un grand rôle dans les transformations sociales.

Un sociologue définit ainsi le rôle de ce sentiment : « La maxime *Plie et tais-toi* peut, dans tel ou tel cas particulier exprimer le devoir... Toutefois, dans la marche de l'histoire, l'agent du progrès n'est pas cette résignation patiente, cette adaptation passive à la réalité donnée, mais plutôt ce sentiment de mécontentement, cette agitation inquiète qui aiguillonne les esprits et éclate parfois dans de sauvages révoltes[1]. »

Un second facteur psychologique du progrès n'est autre que la loi psychologique des idées-forces. Par ce seul fait que l'homme conçoit un idéal social supérieur, il tend à le réaliser. Ici comme ailleurs, l'Idée n'est pas un facteur négligeable dans l'évolution.

Comment se fait le Progrès?

M. Bagehot pose la continuité comme loi du progrès.

1. Ziegler, *La Question sociale est une question morale*, ch. I (Paris, F. Alcan).

D'après lui, tout progrès pour être durable doit se faire lentement et suivant une évolution régulière, par une sorte de compromis entre les deux influences adverses : l'influence conservatiste et misonéiste et la tendance à la variabilité. « Une nation, dit-il, qui vient de gagner la variabilité sans perdre la légalité, a des chances toutes particulières de devenir une nation dominante[1]. » L'exemple de Rome offre, suivant ce sociologue, une vérification lumineuse de cette loi.

Toutefois aussi le progrès se fait parfois par révolution violente.. « Il y a une forme dynamiquement violente de la lutte collective, » dit M. Sighele. D'après ce sociologue, « les sectes, ces associations de vaincus et de mécontents que les vainqueurs et les heureux regardent, par une illusion égoïste, comme le germe de la dissolution sociale, ne sont cependant que le germe d'une transformation et d'un renouvellement inéluctables[2] ».

Quel est maintenant le sens probable du progrès? Plusieurs formules ont été proposées.

Suivant M. Tarde, le progrès d'une société est caractérisé par une augmentation d'organisation et une diminution de vitalité et d'activité. « A mesure qu'elle s'étend, s'accroît, perfectionne et complique ses institutions, une société perd de sa fougue civilisatrice et progressiste; car elle en a fait cet usage. Autrement dit, elle s'enrichit de croyances plus que de désirs, s'il est vrai que la substance des institutions sociales consiste dans la somme de foi et d'assurance, de vérité et de sécurité, de croyances unanimes en un mot qu'elles incarnent, et que la force motrice du progrès social consiste dans la somme de curiosités et d'ambitions, de désirs solidaires, dont il est l'expression. Le véri-

1. Bagehot, *Lois scientifiques du développement des Nations*, p. 67.
2. Sighele, *Psychologie des Sectes*, p. 99.

table et final objet du désir, donc, c'est la croyance ; la seule raison d'être des mouvements du cœur, c'est la formation des hautes certitudes ou des pleines assurances de l'esprit, et plus une société a progressé, plus on trouve en elle, comme chez un esprit mûr, de solidité et de tranquillité, de convictions fortes et de passions mortes, celles-là lentement formées et cristallisées par celles-ci. La paix sociale, la foi unanime en un même idéal ou une même illusion, unanimité qui suppose une assimilation chaque jour plus étendue et plus profonde de l'humanité : voilà le terme où courent, qu'on le veuille ou non, toutes les révolutions sociales. Tel est le progrès, c'est-à-dire l'avancement du monde social dans les voies logiques[1]. »

A notre avis, comme nous l'avons déjà expliqué plus haut, cette assimilation chaque jour plus étendue et plus profonde de l'humanité que M. Tarde pose comme la loi du Progrès ne représente qu'un aspect de l'évolution sociale. Elle a pour contrepartie la loi de Différenciation progressive, — d'individualisation de plus en plus intense et profonde des êtres humains. Il n'est pas vrai que l'humanité marche vers un idéal d'uniformité et par suite de stérilité. Il n'est pas vrai que la possession détruise le désir, que la croyance éteigne la curiosité. Pour l'humanité le mot de Lessing restera éternellement vrai : Il y a plus de plaisir à courir le lièvre qu'à l'atteindre. L'Univers ne cessera pas de solliciter l'intelligence et la sensibilité de l'homme par des aspects éternellement nouveaux. L'humanité brise sans cesse ses idéaux, et c'est toujours dans l'espoir de leur en substituer d'autres plus beaux, plus lumineux, plus harmonieux. Une civilisation prise en particulier, une religion, une doctrine morale s'immobilisera peut-être pour un temps dans cette uniformité que M. Tarde pose comme l'Idéal définitif ; mais l'humanité prise

1. Tarde, *Les Lois de l'Imitation*, p. 166.

dans son ensemble ne s'arrêtera pas dans sa marche inquiète vers l'Idéal inconnu.

L'humanité est une énergie éternellement tendue vers un but qui recule sans cesse. La formule qui exprime son progrès doit être une formule dynamique et non statique.

D'après M. Bagehot, la marche du progrès social consiste dans le passage de l'âge du Combat à l'âge de la Discussion. Dans un chapitre : *le Progrès vérifiable en politique*, ce sociologue a admirablement analysé les bienfaits du régime de la libre discussion et du libre épanouissement de l'Esprit critique.

Suivant M. Sighele, le progrès social est une marche vers l'individualisme. Dans le monde antique, deux causes opprimaient l'individu : une religion nationale tyrannique et un droit de guerre atroce qui forçait la cité à prendre tout l'homme pour se défendre et pour subsister. « Là, nul ne peut se développer à part et pour soi ; nul ne peut agir ni penser que dans un cadre fixe. Tout au rebours dans le monde moderne, ce qui jadis était la règle est devenu l'exception, et le système antique ne survit qu'en des associations temporaires comme une armée ou en des associations partielles comme un couvent. Par degrés, l'individu s'est dégagé... c'est que les deux chaînes qui l'assujettissaient à la communauté se sont rompues et allégées[1]. »

Pour nous comme pour M. Sighele, le Progrès consiste dans une diminution progressive des exigences sociales, dans une diminution de l'Esprit grégaire, de l'Égoïsme de groupe, père de tyrannie et de mensonge. De plus en plus l'individu reculera les entraves devenues plus mobiles, dont on le garrottait autrefois. De plus en plus l'individu se mettra à sa vraie place, au centre des choses, par une révolution analogue à celle que Copernic fit en astronomie. De plus en plus l'indi-

1 Sighele, *Psychologie des Sectes*, p. 87.

vidu se posera comme ce qu'il est en effet : la seule source de l'énergie, la seule mesure de l'idéal[1].

Nous dirons encore un mot d'une question importante, celle des rapports du Progrès et du Bonheur. Beaucoup de sociologues ont remarqué que la marche rapide du progrès dans les temps modernes (accroissement des connaissances et du bien-être) n'avait pas été accompagnée d'une augmentation aussi rapide du Bonheur humain. Le Progrès est accéléré, le bonheur est stationnaire. Pourquoi ?

On peut invoquer, ce semble, deux raisons de ce fait, l'une générale et permanente, l'autre peut-être accidentelle.

La raison essentielle réside dans la constitution psychologique de l'homme. Cette constitution a voulu qu'en multipliant nos sensations, nous ayons multiplié simultanément nos besoins. Joignez à cela la limite physiologique de la sensibilité de nos organes qui ne peut être indéfiniment accrue et qui explique que le bonheur n'ait pas suivi le mouvement rapide du progrès.

M. Coste, qui a étudié ce problème[2] avec beaucoup de pénétration, remarque (cause accidentelle) que nous aurions pu peut-être tirer un meilleur parti des avantages acquis.

Cela est vrai. Nous avons, comme M. Coste s'en plaint, préféré aux vraies et solides jouissances du travail, de la sympathie naturelle, du développement libre de la Personnalité des jouissances fausses et énervantes, celles de la vanité, de l'ostentation, de la rage de briller.

1. Le Progrès consiste au fond dans une prédominance de l'élément *Initiative* sur l'élément *Imitation*. M. Rémy de Gourmont a parfaitement raison quand il dit : « En dernière analyse, l'idée de décadence est identique à l'idée d'imitation » (Rémy de Gourmont, Mallarmé et l'idée de décadence, *La Culture des Idées*, p. 120).

2. Coste, *Les Conditions sociales du Bonheur et de la Force* (Paris, F. Alcan).

Nous ajouterons qu'une cause de l'arrêt du Bonheur dans nos sociétés est, à notre avis, l'omnipotence qui durera longtemps encore de l'esprit grégaire. L'homme ne sait pas agir pour lui-même, mais pour les autres. J'entends par là agir par crainte de l'opinion, cette tyrannie des âmes faibles. L'Esprit grégaire semble indestructible. Aux antiques préjugés nous en avons substitué d'autres, aussi tyranniques ; car peu importe le point d'application de la tyrannie grégaire ; cette tyrannie reste toujours aussi stupidement oppressive dans son essence. Le souci du qu'en dit-on, le souci de ne pas choquer les préjugés de classe et autres et de ne pas encourir la mise en quarantaine sociale, voilà le joug auquel nous avons sacrifié notre libre personnalité. Tant que cet état d'esprit durera, il n'y aura pas de progrès dans le Bonheur pour l'humanité. Nous resterons semblables aux sauvages qui tremblent devant les fétiches qu'ils ont taillés de leurs propres mains.

CHAPITRE VII

ÉVOLUTION DE LA CONSCIENCE SOCIALE

Ce qui précède nous permet dans une certaine mesure de prévoir le contenu de la conscience sociale de l'avenir.

La loi d'assimilation progressive et d'élargissement des cercles sociaux tend à faire prévaloir l'idée d'Humanité, c'est-à-dire d'un cercle plus vaste et plus compréhensif que tous les autres (nation, classe, caste, famille, etc.).

D'autre part, la loi de différenciation progressive tend à affirmer de plus en plus la valeur de l'individualité. Car c'est à l'Individualité, cette fleur de la culture esthétique et morale qu'aboutit l'Évolution sociale comme à son chef-d'œuvre et à sa seule raison d'être.

Il n'y a nullement contradiction entre ces deux idées. L'idée d'Humanité favorise l'épanouissement de l'idée d'Individualité, et inversement l'idée d'Individualité favorise l'expansion de l'idée d'Humanité. Ces deux idées se soutiennent et se développent parallèlement.

Plus un cercle social est étroit, plus il est tyrannique et oppressif de l'individualité. Plus le cercle social s'élargit, plus l'individu y sent se relâcher les entraves de la contrainte sociale. Nulle part l'esprit grégaire n'est plus continument tyrannique que dans un petit groupe[1]. Comparant au point de vue moral le conseil

1. Voir sur ce sujet notre article : l'*Esprit de Petite Ville* (*La Plume*, 1er novembre 1900).

municipal d'une petite ville et le parlement d'un grand pays, M. Mazel dit : « C'est dans les villages et les petites villes qu'on trouve les pires spécimens de l'autocratie des *carpet-baggers*, de l'inquisition des partis, de l'organisation offensive des clans; tous les freins qu'un Parlement doit subir, responsabilité du Gouvernement, action diplomatique des puissances, presse d'opposition, un conseil municipal les ignore; l'intolérance sectaire peut s'y étaler et les microbes d'envie et de haine y trouvent leur meilleur bouillon de culture : nulle part les minorités n'y sont plus maltraitées et leurs droits plus méconnus. Mieux vaut peut-être à tout prendre se résigner au pouvoir vague et lointain du Parlement par crainte du pouvoir précis et présent du conseil municipal[1]. »

L'évolution sociale, en élargissant les cercles sociaux, contribuera à affranchir l'Individu et affirmera de plus en plus dans la conscience sociale ces deux idées indissolublement unies : l'idée d'Humanité et l'idée d'Individualité. En face du droit des groupes fermés, étroits et oppressifs, s'affirmera un double droit : le Droit humain d'une part, le Droit individuel de l'autre.

En même temps qu'elle fait converger de plus en plus toutes ses pensées et ses activités autour de ses deux pôles : l'idée d'Humanité et l'idée d'Individualité, la conscience sociale s'affranchit de plus en plus des dogmatismes absolus qui ont si longtemps pesé sur elle.

« Le sens du relatif, remarque M. de Vogué, domine la pensée contemporaine. » Il domine aussi, peut-on dire, la conscience sociale tout entière.

Dans l'antiquité, l'idée du Fatalisme a pesé sur les actes humains comme sur les manifestations de la nature.

1. H. Mazel, *La Synergie sociale*, p. 145.

A l'idée du Fatalisme la science moderne a substitué l'idée du Déterminisme scientifique.

Certains ont divinisé le Déterminisme et l'ont regardé à son tour comme une puissance mystérieuse et inéluctable pesant de tout son poids sur la destinée des individus.

Cette divinisation du Déterminisme est illégitime. Il faut prendre le Déterminisme pour ce qu'il est : un symbolisme relatif à notre pensée, une notation, la plus commode et la plus précise possible, au moyen de laquelle l'intelligence s'efforce de se représenter l'univers et la vie. Si l'on entend ainsi le Déterminisme, la science n'est nullement l'ennemie de l'Individualisme. Car il ne put y avoir d'épanouissement de l'individualité sans la conscience claire que l'Individu perd de lui-même et de son milieu social. « Le déterminisme, dit Nietzche, est une mythologie ; dans la vie il n'y a que des volontés fortes et des volontés faibles. C'est presque toujours un symptôme de ce qui lui manque, quand un penseur dans tout enchaînement causal éprouve quelque chose comme de la contrainte, un besoin, une obligation, une pression, un manque de liberté. C'est une révélation de sentir ainsi ; la personne ne trahit... elle trahit sa faiblesse, son besoin de servitude[1]. » — « Il convient, dit encore Nietzche, de ne se servir de la « cause » et de « l'effet » que comme de simples conceptions, de fictions conventionnelles pour l'indication et la nomenclature, — non pour l'explication. »

Nous conclurons de tout ceci que la conscience sociale de l'avenir, dominée par le principe de la Relativité, gravitera autour de ces trois idées : l'idée de Science, l'idée d'Humanité et l'idée d'Individualité.

1. Nietzche, *Par delà le Bien et le Mal*, § 21.

LIVRE V

COMMENT LES SOCIÉTÉS SE DISSOLVENT ET MEURENT. CONCLUSIONS : SOCIALISME ET INDIVIDUALISME

CHAPITRE PREMIER

LA MORT DES SOCIÉTÉS. — CAUSES DE LA DÉCADENCE DES SOCIÉTÉS

Quand on parle de la mort des sociétés, il faut se garder du préjugé qui consiste à attacher à ce fait de la mort des sociétés une idée de blâme ou de regret. Les historiens et moralistes se croient obligés de déplorer cet événement comme un accident, alors qu'il est un fait anormal et inévitable. Ils recherchent dans les institutions et les mœurs d'une société les raisons qui ont amené sa décadence ou sa ruine. Ils se lamentent, ils accusent, ils anathématisent rétrospectivement telle institution, tel système politique ou social. C'est là une philosophie de l'histoire enfantine. Car ces doléances s'inspirent de cette illusion, issue du plus plat optimisme qu'une société devrait normalement durer sans limites à moins d'accident, de fautes ou de maladresses. — Autant vaudrait s'étonner et s'indigner de la mort d'un individu.

La vérité est que la Mort est, pour les sociétés comme

pour les individus, une loi inéluctable. Elles doivent s'y résigner de bonne grâce. Il faut appliquer aux sociétés ce qu'un penseur contemporain dit de la mort des individus : « Nous devons accepter et subir la mort non comme un mal ou une peine, ouvrant des perspectives immenses et redoutables, mais comme la dernière fonction de la vie, l'acquittement d'une dette et le suprême devoir. C'est l'accomplissement d'une loi commune à tous les êtres, utile pour leur ensemble et salutaire à nous-mêmes. Puisque nos prédécesseurs sont morts pour nous faire place, nous aussi devons mourir pour faire place à nos successeurs[1]. » Il faut voir par delà les formes sociales éphémères la vie profonde et immense de l'humanité dans laquelle la vie des sociétés se perd comme un élément presque aussi imperceptible que la vie d'un individu.

Que faut-il entendre par le fait de la dissolution d'une société ?

On doit entendre par là le fait que, sous l'influence de certaines causes internes ou externes, les éléments qui composent une société cessent d'être reliés par le lien social auparavant en vigueur ; ils cessent de faire partie de la combinaison sociale qui les retenait jusqu'alors, et sont pour ainsi dire remis en liberté, de même que les atomes d'un corps organisé, après la dissolution de ce corps, rentrent dans le grand Tout, libres d'entrer dans des combinaisons chimiques nouvelles.

Certaines causes peuvent anéantir une société sans anéantir tous les individus, ni même la majorité des individus qui la composent. Ceux-ci pourront poursuivre dans d'autres conditions leur destinée individuelle ; mais la société dont ils faisaient partie est morte.

1. Bourdeau, *Cause et origine du Mal* (*Revue philosophique*, août 1900).

Parmi les individus qui survivent aux cadres sociaux brisés, les uns n'ayant pas la plasticité nécessaire pour se plier aux cadres nouveaux, ne tardent pas à périr. Les autres s'adaptent aux conditions sociales nouvelles. Ainsi, après une crise comme la Révolution française, véritable fin d'un monde, les membres de l'ancienne société ont en partie disparu, emportés dans la tourmente, ou incapables de se plier à l'ordre de choses nouveau; les autres se sont pliés aux conditions nouvelles et ont survécu.

Quoi qu'il en soit, sur les ruines des sociétés mortes d'autres sociétés se reforment toujours; et elles présentent à leur tour les mêmes phases d'évolution et de dissolution qu'avaient traversées leurs devancières. Ceci semblerait donner raison à la théorie des *ricorsi*, des retours éternels dans la vie de l'humanité. Pas tout à fait cependant, car les sociétés nouvelles sont loin de répéter dans tous leurs traits les formes sociales disparues.

Des idées nouvelles sont nées, des techniques nouvelles ont apparu, — fruit d'un long labeur humain,— qui ne sont pas entraînées dans la ruine de telle ou telle forme sociale et qui empêchent l'avenir de répéter le passé. On fait un pur jeu de mots quand on dit que le socialisme contemporain, fondé sur des vues théoriques, éthiques et techniques très complexes et très savantes, n'est qu'un retour au vague communisme des sociétés primitives.

Les inventions et les idées issues du long travail des générations ne disparaissent pas avec une société particulière. Elles trouvent un refuge dans le cerveau des individus qui forment la matière encore amorphe des sociétés de demain et qui au milieu de la ruine des formes sociales jouent d'une manière plus ou moins consciente le rôle d'agents de transmission du Progrès.

Demandons-nous maintenant quelles sont les causes de la décadence et de la désagrégation des sociétés.

On a fait appel ici à des causes d'ordres très divers: 1° ethnologique, 2° biologique, 3° économique, 4° psychologique, 5° social.

Avant d'aborder l'examen de ces théories, il convient d'écarter tout d'abord certaines causes illusoires que des écrivains superficiels ont parfois invoquées. « C'est une grosse sottise, dit M. V. de Lapouge, de dire, pour expliquer la décadence actuelle d'une population qui n'éprouve même plus le besoin de se perpétuer, qu'elle est vieille. Toute l'humanité est du même âge. Il n'est pas plus exact de dire que le peuple succombe sous la civilisation. La plupart de nos bourgeois ont tout au plus deux ou trois générations de culture, et quelle culture! Quant au peuple, ses auteurs directs ont vécu à un niveau intellectuel où l'usure ne les a pas atteints, et le travail cérébral de nos ouvriers et de nos paysans n'est guère supérieur à celui de leurs ancêtres. La vérité est que la sélection a fini d'éliminer les éléments ethniques supérieurs [1]... »

Le passage qui précède vient d'indiquer la première des causes de décadence que nous voulons examiner ici. C'est le facteur ethnique.

D'après le comte de Gobineau, V. de Lapouge, O. Ammon, etc., l'influence de la race et de la pureté de la race sur la destinée des groupes sociaux est indéniable; la décadence et la chute des peuples ne sont dues qu'à l'épuisement des éléments ethniques supérieurs.

Nietzche semble aussi partager ces vues: « Dans toute l'Europe, dit-il, la race asservie a repris finalement le dessus, quant à la couleur, quant à la brachycéphalie, peut-être même quant aux instincts intellectuels et sociaux. Qui nous garantit que la démocratie moderne, l'anarchisme plus moderne encore, et notamment cette tendance au communisme, à la forme

1. V. de Lapouge, *Les Sélections sociales*, l. II.

sociale primitive, commune aujourd'hui à tous les socialistes européens, ne sont pas dans l'ensemble des cas de monstrueuse réversion ? La race des maîtres et des conquérants est en décadence même au sens physiologique[1]... » Ailleurs Nietzche s'exprime ainsi, avec plus de précision encore : « On peut présumer que de temps à autre, à certains points du globe, un *sentiment de dépression*, d'origine physiologique, doit nécessairement se rendre maître des masses profondes... Un tel sentiment de dépression peut être d'origine extrêmement multiple ; il peut naître d'un croisement de races trop hétérogènes (ou de classes, — les classes indiquant toujours des différences de naissance et de race : le *spleen* européen, le pessimisme du XIXe siècle sont essentiellement la conséquence d'un mélange de castes et de rangs, mélange qui s'est opéré avec une rapidité folle) ; il peut provenir encore des suites d'une émigration malheureuse, une race s'étant fourvoyée dans un climat pour laquelle son adaptabilité ne suffisait pas (le cas des Indiens aux Indes), ou bien il peut être dû à un sang vicié, malaria, syphilis, etc. (la dépression allemande après la guerre de Trente Ans qui couvrit de maladies contagieuses la moitié de l'Allemagne, préparant ainsi le terrain à la servilité et à la pusillanimité allemandes)... »

Le facteur essentiel ici indiqué par Nietzche est le facteur *race*. Nous avons déjà eu l'occasion de dire plus haut ce que nous pensons de ce facteur. Nous ajouterons seulement ici quelques observations relatives à la question de la décadence des sociétés.

D'abord il est très difficile de dire quels sont les éléments supérieurs dans une société. Aujourd'hui, les anthropologistes divisent les hommes en deux catégories les dolichocéphales et les brachycéphales. Mais ils sont loin d'être d'accord sur la signification sociale de cette

1. Nietzche, *Généalogie de la Morale.*

distinction. Les uns veulent que le dolichocéphale soit le type supérieur, les autres que ce soit le brachycéphale ; les uns rattachent à un type des qualités que les autres rattachent à l'autre type.

Quelle est la relation entre la brachycéphalie ou la dolichocéphalie et la mentalité d'un individu ? C'est ce qu'on ignore. Y en a-t-il même une ? Oui probablement dans un sens très général, à savoir dans ce sens que, dans l'hypothèse déterministe, tout phénomène a une relation si indirecte qu'on le voudra avec les autres phénomènes. Le monde est une machine immense où tout est lié. Entre l'atome de poussière qui flotte devant moi dans un rayon de soleil et le scintillement bleu de Sirius, il y a un rapport de corrélation et d'intéraction. — C'est dans ce sens très général, mais non vraisemblablement dans un sens plus précis, qu'il y a corrélation ou parallélisme entre la forme extérieure du crâne et la mentalité de l'individu.

La distinction de la dolichocéphalie et de la brachycéphalie ne paraît pas jusqu'ici avoir une valeur scientifique beaucoup plus solide que l'ancienne doctrine des bosses crâniennes, ou celle de l'angle facial.

« Les Grecs anciens, demande M. Tarde, étaient-ils plus dolichocéphales que les Grecs modernes ? Nous n'en savons pas grand'chose. En tout cas, il n'est pas permis de rattacher la décadence de la Grèce à la diminution de sa dolichocéphalie, l'indice céphalique apparemment n'a pas changé brusquement à partir de la conquête macédonienne[1].

Le même auteur invoque contre la distinction absolue des races la prodigieuse transformation du Japon opérée en moins d'une génération, par l'assimilation des exemples de l'Europe, depuis les armements et les vêtements jusqu'aux industries, aux arts, aux mœurs.

1 Tarde. *L'Action intermentale, Grande Revue*, novembre 1900.

D'après M. Novicow, il n'y a point de race immuable. Les petites variations individuelles en s'accumulant produisent des races nouvelles. « On voit que même sans croisements, le type anglo-saxon se modifie aux États-Unis[1]. »

La question de savoir si la décadence des races et des sociétés tient à la panmixie ne donne pas lieu à moins de controverses. M. Tarde remarque que le mélange des races favorise le développement de la faculté inventive. « Loin de se proportionner à son degré de pureté, le degré de génialité d'une race se proportionne plutôt à son degré de complexité, de variabilité, à l'amplitude de ses oscillations autour de son type moyen. Depuis trois ou quatre siècles, les races européennes se mélangent de plus en plus, et loin de s'affaiblir, leur inventivité se déploie... Plus l'évolution se poursuit, plus l'importance du facteur race décroît. Plus nous remontons dans le passé, plus nous voyons chaque grande race nationale se faire sa civilisation; et plus nous descendons vers l'avenir, plus il nous semble à l'inverse que la civilisation moderne travaille à se faire sa race, à élaborer par la fusion de beaucoup de races distinctes de nouvelles races mieux adaptées à son déploiement[2]. » Loin de regarder la panmixie comme une cause de dégénérescence, on peut à certains égards la regarder comme un bienfait. Le mélange des races, de même que l'interférence des cultures et des influences sociales dans un même cerveau, produit des individualités plus complexes, plus riches et plus délicates.

Nous dirons maintenant un mot des causes biologiques de la décadence des sociétés.

M. Matteuzi a insisté sur ces causes. Il en mentionne deux principales, dont la première est à la fois

1. Novicow, *Les Gaspillages des Sociétés modernes*, p. 169 (Paris, F. Alcan).
2. Tarde, *op. cit.*

économique et physiologique, la seconde est purement physiologique.

La première est celle que M. Matteuzi appelle le *Parasitisme social*. Économique par sa nature, cette cause est d'ordre physiologique par ses effets. « C'est la physiologie et la phsychophysiologie, dit M. Matteuzi, qui nous montreront quels sont les effets morbides de l'excès de pauvreté dans la majorité et de l'excès des richesses pour la minorité; ces sciences nous feront toucher du doigt la dégénérescence des masses déshéritées et la décadence de la masse dominante et privilégiée, dans une communauté affligée par le partage inégal des richesses poussé à l'extrême[1]... » « La loi d'hérédité intervient ici. Il est évident que chaque génération devait transmettre par hérédité physiologique et psychologique toutes les dégénérescences qu'elle avait reçues des ancêtres, plus les dégénérescences qui l'avaient frappée au cours de son existence... Il en résultait *une hérédité régressive accumulée* qui devait apporter des altérations anatomiques et psychologiques de plus en plus profondes. On ne s'étonnera donc pas qu'Aristote ait pu, en comparant l'homme libre et l'esclave, conclure qu'il y avait une race née pour servir et une race née pour commander. Si de son temps la théorie de l'hérédité des caractères acquis, avait été connue, il n'aurait pas attribué la différence entre deux groupes d'hommes à des caractères innés, mais à la déchéance psychique et physiologique à laquelle, pendant des siècles, l'esclavage avait soumis les hommes[2]. »

La seconde cause de décadence des peuples, d'après M. Matteuzi, n'est autre que l'hérédité des caractères psychiques. « Cette loi veut que quand une évolution intellectuelle est parvenue au sommet de la perfection, si une impulsion nouvelle ne lui communique pas une

1. Dr A. Matteuzzi, *Les Facteurs de l'évolution des peuples*, p. 381.
2. Matteuzi, *op. cit.*, p. 387.

autre direction, selon une loi physiologique, elle ne peut plus que se cristalliser. » M. Matteuzzi cite l'exemple des Grecs et des Italiens de la Renaissance. Cette loi est un corollaire d'une loi physiologique qu'on peut formuler ainsi : Les variations acquises, *mais non organisées*, ne peuvent se transmettre. Et cette loi est elle-même un corollaire de la loi de Ribot que dans la dissolution de la mémoire le nouveau périt avant l'ancien, le complexe avant le simple. « Quand l'activité mentale, avec la complexité toujours croissante faite de l'hérédité des caractères acquis, s'affirma, sans plus alterner avec des intervalles suffisants de repos, l'affaiblissement de cette énergie complexe des fonctions apparut, et par conséquent il y eut une moindre nutrition et une diminution de volume ; la reconstitution ne s'équilibra plus avec la déperdition ; par suite, la disposition acquise des éléments nerveux devenait moins stable et les associations dynamiques entre ces éléments n'arrivaient plus à la fusion complète. Par conséquent, il était naturel que ces variations moins stables et plus complexes devinssent plus rebelles à la reproduction que les variations antérieures qui avaient été répétées un nombre infini de fois par les ancêtres. Les associations instables et confuses ne pouvaient plus faire corps avec l'organisme et se transmettre aux descendants. Elles n'étaient plus que juxtaposées aux anciens souvenirs, bien autrement forts, qui tendaient toujours à les chasser[1]. »

Les causes économiques de la dissolution des sociétés sont nombreuses. Nous en avons plus haut indiqué une quand nous avons parlé du parasitisme social. On pourrait de plus citer ici les gaspillages de richesses et les erreurs économiques de tout genre qui ont souvent une répercussion sur l'évolution sociale entière. M. Novicow a analysé plusieurs de ces causes dans son livre :

1. Matteuzzi, *Les Facteurs de l'évolution des peuples*, p. 100.

Les Gaspillages des sociétés modernes. « La cause de la décadence des nations, dit cet auteur, doit être cherchée dans le funeste cortège des erreurs humaines : le parasitisme, l'intolérance, l'exclusivisme, le misonéisme.. » Le même auteur cite encore ce qu'il appelle les *désaptations artificielles* engendrées par les erreurs économiques. Ainsi, suivant lui, l'erreur protectionniste engendre une désaptation artificielle de l'humanité à la planète.

Une cause d'ordre à la fois économique et politique est ce qu'on pourrait appeler la sélection sociale à rebours, par suite du renversement du fonctionnement normal des mécanismes de sélection. Les mécanismes sociaux de sélection sont les institutions destinées à sélectionner les individus et mettre chacun à la place qu'il est le mieux à même de remplir. Ces institutions, d'après M. Ammon, sont de deux sortes : les unes ont pour but d'arrêter au passage les non-valeurs ; les autres de pousser plus haut les individus bien doués. Lorsque ces mécanismes se trouvent faussés sous l'action de certaines causes politiques ou sociales, c'est-à-dire quand au lieu de favoriser les plus capables, les plus intelligents, les plus actifs, ils favorisent les mieux apparentés, les plus dociles, les plus habiles à se pousser dans le monde par l'intrigue, en un mot ceux qui sont doués de ce que Carlyle appelle « l'intelligence vulpine », il en résulte la formation d'une oligarchie ambitieuse et présomptueuse, fondée sur le népotisme et le favoritisme, bientôt justement méprisée et qui contribue pour sa part à précipiter la décadence de la société.

Passons aux causes psychologiques de la dissolution des sociétés.

D'après M. Tarde, l'élément essentiel de la formation et de la permanence des sociétés étant le fonctionnement des lois de l'Imitation, il est naturel que si par suite de quelque influence externe ou interne les lois de l'imitation cessent de s'appliquer, les ressorts sociaux se détendent, la société se dissout et meurt. Ajoutons que le facteur corrélatif de l'Imitation, le facteur Invention joue également ici un rôle important. Lorsque dans une nation ou une race la faculté inventive diminue au delà de certaines limites, lorsque l'originalité individuelle disparaît devant les progrès de l'Esprit grégaire, lorsque le sentiment de l'individualité se perd et qu'il s'y substitue je ne sais quelle veule et niaise sociabilité qui fait que chacun compte sur les autres et non sur soi, la conscience sociale ressent les effets de cette torpeur des consciences individuelles : la société sans ressort est prête à se dissoudre à la première secousse un peu forte.

Il faut dire un mot ici de l'antinomie souvent établie entre l'Intelligence et le caractère. Certains sociologues ou moralistes prônent en termes dithyrambiques ce qu'ils appellent le caractère et affectent de dédaigner l'intelligence. Le développement très grand de cette dernière serait même pour eux une cause de décadence. On en arrive à parler très dédaigneusement du talent comme d'un facteur insignifiant, au point de vue social. Il est vrai que plus d'un sociologue ou éducateur de cette école plaide probablement *pro domo ua,* en dépréciant le talent. On peut toujours dire et aire croire qu'on a du caractère; malheureusement, il 'est pas aussi facile de faire illusion en ce qui conerne le talent et les dons de l'intelligence. — Quoi u'il en soit, cette doctrine infeste notre pédagogie out entière.

A notre avis, elle est fausse. Ce qu'on prône sous le om de *caractère*, ce sont les qualités qui font l'*arriiste;* un mélange de brutalité et de souplesse, d'obstiation et d'habileté. Comme cette forme de mentalité tucieuse et brutale est fort répandue, on la décore nom de caractère, et on la représente comme un ément de force dans une nation ou une race. — Cette mentalité est plutôt caractéristique, à notre avis, d'une société en décadence.

Il est encore d'autres causes psychologiques de dissolution sociale dont nous dirons un mot.

En examinant les lois de la conservation des sociétés nous avons vu qu'une société, pour se maintenir, avait besoin de croire en elle-même, de s'appuyer sur un dogmatisme moral et social, au besoin même sur des mensonges utiles.

Par suite, lorsqu'une société cesse de croire en elle-même, soit que les dogmatismes sur lesquels elle s'appuyait s'effondrent, soit qu'on ait abusé des mensonges conservateurs, la désagrégation de la conscience sociale est proche. Cette désagrégation résulte en grande partie des contradictions sociales, contradictions entre la théorie et la pratique sociales, entre les dogmes professés de bouche et les actes réels, ou encore contradictions entre les différentes influences sociales en conflit. — Ces contradictions externes se répercutent dans la conscience individuelle sous forme de contradictions intimes qui déterminent dans l'individu un désarroi psychologique parallèle au désarroi social.

M. Max Nordau a très bien analysé ces causes de désagrégation sociale dans son livre : *Les Mensonges conventionnels de notre civilisation.* « Notre vie entière repose sur des hypothèses empruntées à un autre temps et qui, sur aucun point, ne répondent à nos idées actuelles. La forme et le fond de notre vie politique sont en flagrante contradiction. Le problème dont la civilisation officielle semble chercher la solution, c'est de faire entrer un cube dans un globe de même contenance. Chaque mot que nous disons, chaque acte que nous accomplissons est un mensonge à l'égard de ce que, dans le fond de notre âme, nous reconnaissons comme la vérité. Nous nous parodions pour ainsi dire nous-mêmes et nous jouons une éternelle comédie... nous feignons un respect extérieur pour des personne et des institutions qu'au fond nous trouvons des plus absurdes, et nous demeurons lâchement attachés à des convictions qu'en notre âme et conscience nous savons manquer de tout fondement... Cet éternel conflit entre les conventions sociales et nos convictions a un contre-coup fatal[1]. »

Disons un mot enfin des causes sociales de la désagrégation des sociétés.

L'une d'elles est mise en lumière par Simmel, quand il remarque que souvent un organe de la société tend à prendre une importance exagérée dans l'organisme dont il est un élément et s'érige en fin, alors qu'il n'est qu'un moyen. Telle est la bureaucratie, dans nos sociétés démocratiques qui n'ont rien à envier à cet égard aux sociétés monarchiques. Il est clair que cette hypertrophie de certains organes dans le corps social y détermine un malaise très propre à précipiter la décadence.

M. Matteuzzi signale une cause sociale importante de décadence des sociétés. C'est l'action des peuples vainqueurs sur les peuples vaincus. « Un peuple qui s'est développé selon l'influence de son milieu et de l'hérédité des caractères acquis, arrive nécessairement à se constituer une individualité propre. Mais il peut être grandement troublé dans son évolution par l'intervention d'un autre peuple organisé militairement, plus fort, même s'il est moins civilisé; dans tous les cas, ces deux peuples qui se rencontrent ainsi, ayant évolué dans des milieux différents, possèdent des caractères héréditaires différents. Le vainqueur en imposant ses idées et ses mœurs au vaincu, le force à sortir de la ligne de son évolution naturelle et porte le trouble dans toute son organisation physique et intellectuelle[2]. »

1. Max Nordau, *Les Mensonges conventionnels, de notre civilisation* p. 29 (Paris, F. Alcan).
2. Matteuzzi, *Les Facteurs de l'Évolution des Peuples*, p. 40.

La supériorité industrielle d'un peuple peut avoir à cet égard les mêmes effets que sa supériorité guerrière. C'est ainsi que de nos jours les peuples du Nord, sans tenter la conquête d'un territoire, condamnent les peuples du Midi à la décadence, en les obligeant à soutenir avec eux la concurrence industrielle. Les habitants du Midi ont ainsi à s'adapter à un état social qui n'est pas conforme à leur hérédité.

Nous avons passé en revue les principales causes de la décadence des sociétés[1].

1. Remarquons que le déclin d'une société n'exclut nullement l'apparition dans cette société de belles et puissantes individualités. Le parti pris d'établir un parallélisme constant entre la conscience sociale et la conscience individuelle et de faire dépendre la seconde de la première a donné lieu à ce suranné thème de rhétorique qui consiste à dire que c'est seulement dans les sociétés florissantes et, comme on dit, dans les grands siècles, que peuvent apparaître les grands penseurs et les grands artistes. Il convient de faire justice de cette sottise consacrée. « L'intelligence est personnelle, dit M. Rémy de Gourmont, et l'on ne peut établir aucun rapport raisonnable entre la puissance d'un peuple et le génie d'un homme. » Bien plus, ajouterons-nous, les conditions les plus mauvaises pour vivre sont parfois les meilleures pour penser et pour écrire.

CHAPITRE II

LOIS DE LA RÉGRESSION SOCIALE

Ce que nous avons dit nous permet de comprendre le sens de cette expression : la Régression sociale.

Les sociologues ont distingué avec raison l'évolution progressive et l'évolution régressive.

L'évolution progressive renferme, d'après MM. Demoor, Massart et Vandervelde, des idées de marche en avant, de développement, de perfectionnement, de différenciation croissante et de coordination progressive des fonctions et des organes différenciés.

L'Évolution régressive, au contraire, c'est le retour en arrière, la décadence, la dégénérescence ; exemples : l'atrophie des organes de la vue chez les animaux qui vivent dans l'obscurité, la réduction des feuilles chez les plantes parasites, la décroissance des corporations à la fin du moyen âge.

Une première loi de Régression sociale est la suivante : « Le regrès accompagne toujours le progrès. » Il faut entendre par là que la destruction des vieilles structures est la conséquence nécessaire du développement des institutions nouvelles. Toute transformation des organes et des institutions a pour corrélatif une régression partielle[1].

Une seconde loi est ce qu'on pourrait appeler la loi des survivances.

De même que tout progrès s'accompagne d'une

1. V. Demoor, Massart et Vandervelde, *L'Évolution regressive en biologie et en sociologie* (Paris, F. Alcan.)

régression partielle des organes et des institutions devenus inutiles, de même tout progrès suppose la survivance pendant un certain temps au moins de vestiges plus ou moins importants du passé. Sous la législation de plus en plus uniforme dans ses grandes lignes qui régit les peuples modernes, nous retrouvons à l'état de survivances plus ou moins effacées et déformées, mais néanmoins reconnaissables, toutes les institutions qui ont été prépondérantes à des époques antérieures. Ainsi dans la famille actuelle il reste des survivances des formes anciennes de la famille, telles que le matriarcat.

Un état social renferme toujours un certain nombre d'institutions anachroniques. M. Demoor et Vandervelde expliquent ainsi ce fait : « Une institution inutile se maintient souvent par coaction, lorsque sa conservation présente des avantages pour ceux qui en font partie... On pourrait faire une liste interminable des sinécures radicalement inutiles que certains gouvernements s'obstinent à maintenir, de peur de mécontenter ceux qui les occupent[1]. » On pourrait citer les avoueries à la fin du moyen âge et combien d'exemples plus modernes !

Demandons-nous maintenant quel est le sens suivant lequel a lieu la régression.

D'après M. de Greef, l'évolution régressive s'opère dans un ordre déterminé ! Elle constitue un retour vers l'état primitif.

On sait que le savant belge distingue dans une société sept propriétés : propriétés économiques, génésiques (familiales), artistiques, scientifiques, morales, juridiques et politiques. On sait aussi que pour lui cet ordre, en même temps qu'il représente la hiérarchie logique représente aussi l'ordre de formation historique de ces propriétés. Partant de là M. de

1. *L'Évolution régressive*, p. 294.

Greef pose la loi suivante d'évolution régressive : « Les phénomènes et les fonctions les plus élevés étant aussi, dans chaque classe et dans l'ensemble des classes, les plus récemment apparus, sont les plus superficiels, les plus variables, les moins stables. »

Cette loi est très contestée par MM. Demoor, Massart et Vandervelde, et aussi par M. Tarde. Ce dernier fait avec beaucoup de justesse la remarque suivante : « De toutes nos institutions françaises, l'une des plus récentes est le suffrage universel, essayez donc d'y porter atteinte. On supprimerait bien plus aisément, à coup sûr, l'organisation de la magistrature et celle du clergé qui, à certains égards, datent du moyen âge[1]. »

D'après MM. Demoor et Vandervelde, l'évolution sociale est irréversible, et par conséquent, sauf quelques exceptions plus ou moins nettes : 1° une institution ou un organe disparus ne peuvent réapparaitre.

2° Une institution ou un organe réduits à l'état de vestiges ne peuvent se développer de nouveau et reprendre leurs anciennes fonctions.

3° Elles ne peuvent non plus assumer une fonction nouvelle.

Elles sont bien mortes.

1. Tarde, *Études de psychologie sociale*, p. 163.

CHAPITRE III

DE LA REFORMATION DES SOCIÉTÉS DE LA REFORMATION DES CLASSES. — LA QUESTION DES ÉLITES

L'état d'amorphisme qui suit la destruction d'une société n'est que provisoire. Quand une société disparaît, les éléments laissés en liberté par cette destruction se réunissent bientôt sous l'empire des circonstances dans un ordre nouveau où toutefois quelque chose subsiste des formes anciennes.

Cette loi s'applique à ces sociétés spéciales qu'on appelle des *classes*. Détruites, elles renaissent sous une autre forme, avec un personnel différent, avec un esprit et une discipline sociale différente : mais elles renaissent toujours. Cette loi semble inéluctable. Sans doute, sous l'influence de la croissance des idées égalitaires, l'esprit de classe, l'esprit de hiérarchie subissent un affaiblissement. Mais ils ne disparaîtront vraisemblablement jamais. Il y aura toujours des classes et des hiérarchies moins fermées et moins rigides que par le passé, mais il y en aura toujours.

Le socialisme lui-même qui semble l'incarnation des idées égalitaires ne supprimera pas complètement les hiérarchies ni les classes.

Certains théoriciens établissent, il est vrai, une distinction entre deux idées : celle de la division du travail et celle de hiérarchie. Ils disent que le travail social peut être divisé sans que cette division comporte une hiérarchie. Tous seraient socialement égaux dans l'exercice de fonctions différentes.

Cet idéal, quand on y réfléchit, semble difficile à réaliser. — Le fait même qu'il y aurait des administrateurs et des administrés, des travailleurs et des organisateurs du travail, n'établirait-il pas entre eux une inégalité sociale ?

Il semble qu'aujourd'hui le socialisme subit une évolution et qu'il renonce à l'idée ancienne de l'absolue égalité sociale.

Un courant socialiste nouveau se dessine, qui insiste surtout sur les idées de différenciation et d'inégalité individuelles. Un socialiste allemand, M. S. Gystrow, dans un article récent publié à propos de la mort de Nietzche dans les *Socialistische Monatshefte*[1], s'exprime ainsi : « La conquête de la puissance économique est pour les ouvriers une tâche de longue haleine, qui s'offre à eux comme elle s'est offerte autrefois à la bourgeoisie, laquelle n'a pas mis la main sur des fabriques et sur des maisons de commerce toutes faites, mais les a elle-même progressivement créées. C'est ainsi que s'est accomplie une immense différenciation dans la bourgeoisie primitivement homogène. Or, *qui dit différenciation dit aristocratisation.*

» En fait, la démocratisation économique est une aristocratisation de la masse. Ce que Bernstein a prophétisé se réalisera : le prolétariat ne restera pas un concept unitaire. Cela se vérifiera dans la mesure où les coopératives de consommation croîtront en étendue et par suite en responsabilité économique, et plus encore cela se verra avec les coopératives de production. Le mot *salarié* aura des sens aussi différents que le mot *bourgeois* aujourd'hui. Rien ne sculpte mieux la personnalité et ne le fait mieux émerger de la masse que la participation à la responsabilité économique. C'est d'abord sur ce terrain qu'est possible un développement

1. *Socialistische Monatshefte*, octobre 1900 : Dr Ernst Gystrow, *Etwas über Nietzche und uns Sozialisten.*

de l'individualité intellectuelle et morale. » Le même auteur dit que dans le socialisme, il y a une question aristocratique au sein de la question sociale (*Das ist die aristokratische Frage innerhalb der sozialen*)[1].

Beaucoup de démocrates français sont du même avis. Citons MM. G. Rénard et Izoulet. Ce dernier dit « que le démocratie tend à rendre à l'aristocratie personnelle sa place et son rôle usurpés par l'autre... La Révolution est venue substituer à une fausse élite l'élite vraie[2] ».

Cette question des élites sociales est une des plus délicates et des plus difficiles que l'on puisse aborder. Ainsi il est bien difficile de distinguer par un critérium sûr la vraie et la fausse élite. M. Izoulet, d'autre part, ne se fait-il pas illusion quand il croit à l'infaillibilité de mécanismes sociaux de sélection dans la démocratie? Les aristocraties falottes qui émergent de notre démocratie d'aujourd'hui, toutes fondées sur le népotisme et le favoritisme, ont-elles beaucoup plus de valeur que les aristocraties d'autrefois ? — C'est ce qu'il est bien malaisé de décider.

Une distinction propre peut-être à jeter quelque lumière sur la question est la suivante : Suivant nous, il n'y a pas de supériorité sociale, de supériorité de classe, il n'y a que des supériorités individuelles. L'idée de classe est vaine, mais l'idée d'élite (en entendant par là qu'il y a des inégalités intellectuelles et morales *entre les individus*) est indestructible. Suivant nous, même il y a antinomie entre l'idée de classe et l'idée d'élite. Par le fait qu'un homme accepte de faire partie d'une classe, même dirigeante ou soi-disant telle, par le fait seul d'adhérer à ses maximes convenues et à sa discipline sociale, il abdique dans une certaine mesure son individualité; il se grégarise, il épouse les préjugés de classe de ses pairs ; il se domestique et tombe dans

1. Gystrow, *Etwas über Nietzsche und uns Sozialisten*.
2. Izoulet, *La Cité moderne*, introduction (Paris, F. Alcan).

cette diminution intellectuelle et morale qu'on appelle l'esprit de corps ou l'esprit de classe.

En admettant que, par un fait exceptionnel, il soit capable de maintenir au sein de sa classe son indépendance intellectuelle et morale, ses descendants dégénéreront, ils se grégariseront. Ils jouiront de la situation acquise. Lui aura été peut-être un créateur de vérité ou de richesse. Eux seront des parasites.

Comme nous l'avons dit, rien de plus difficile que de dire à quel signe on reconnaîtra l'élite, c'est-à-dire la supériorité individuelle ; car la prétendue supériorité sociale n'a aucune signification. Une seule chose est sûre : c'est que la supériorité intellectuelle et morale est chose essentiellement individuelle. Elle réside dans un individu, non dans une famille, ni dans une classe. Il n'y a pas de *classe d'élite*, il n'y a que des individus d'élite.

Par suite, si un régime social de l'avenir, qu'il s'appelle socialisme ou autrement, veut fonder une élite, qu'il jette par-dessus bord la notion de classe et même celle d'élite collective; mais qu'il cultive, qu'il intensifie le sentiment de l'individualité et de la valeur individuelle. Qu'il fasse des hommes qui sachent être eux-mêmes.

Qu'il prenne pour devise l'aphorisme de Nietzche : « Vous ne devez pas seulement vous élargir, vous devez surtout vous grandir (*Nicht nur fort sollt Ihr euch pflanzen, sondern hinauf*). » Et nous ajouterons : Vous ne devez point vous grégariser, mais au contraire vous individualiser.

CHAPITRE IV

LA CONSCIENCE INDIVIDUELLE ET LA CONSCIENCE SOCIALE

Ce que nous avons dit précédemment nous permet de nous rendre compte clairement de l'antinomie, — non superficielle, mais réelle, — de l'individu et de la conscience sociale.

Ici la question est double. Comme nous l'avons dit au début de ce travail, il y a des points de contact, mais aussi des divergences et des oppositions entre la conscience individuelle et la conscience sociale. Mais les oppositions l'emportent sur les harmonies.

Reconnaissons d'abord qu'il est impossible de séparer absolument la conscience individuelle de la conscience sociale. L'individu, comme on l'a dit cent fois, n'est pas un tout, mais un élément.

Mais de quoi est-il un élément?

Suivant nous, l'individu est moins un élément de la société actuelle, de l'*état* social donné où il vit, que de cette société dynamique, idéale, qui se développe dans le temps et dans laquelle il n'est qu'un moment transitoire.

Suivant nous, si l'on veut se rendre vraiment compte des rapports de l'individu et de la société, il faut se faire de cette dernière non une conception *statique*, mais une conception dynamique.

Nous entendons par là que l'individu ne doit pas regarder *autour de lui* pour trouver son orientation et son idéal, mais qu'il doit regarder derrière lui et devant lui. Il n'est qu'un point dans une évolution éternelle, mais un point mouvant, actif, autonome dans une certaine mesure. « C'est dans l'individu, dit M. Paulhan, que commencent tous ces changements dont la puissance le dépasse tant et l'anéantit presque. C'est par lui, par son invention, qu'ils se transforment, c'est lui qui est le centre de cette action automatique ou volontaire par laquelle la société se protège ou se transforme. C'est lui qui a l'initiative des changements qui vont bouleverser le monde[1]... »

Nous ne nions pas pour cela l'action exercée sur l'individu par l'ambiance, mais il ne faut pas exagérer cette influence ni surtout la poser, comme l'ont fait certains (Spencer, par exemple), en précepte et en dogme. L'individu a le pouvoir et le droit de réagir contre l'ambiance. Celle-ci n'a d'autre valeur et d'autre rôle que de servir de point d'application et de stimulant aux énergies individuelles et de provoquer, — au besoin par réaction, — l'expansion de l'individualité. « En certains cas, dit M. Paulhan, l'individu a raison contre la foule, contre l'État, contre l'art de son temps, contre la science de ses contemporains ou contre la religion. Rembrandt avait raison contre ses contemporains qui le méconnaissaient, et Galilée avait raison contre ses juges. Mais en ce cas, l'individu ne tire pas seulement de lui-même son droit et sa force. Il représente des vérités, des beautés supérieures à celles qu'il combat. Il représente une société plus haute, plus grande que celle qui l'opprime, comme un désir noble éclos par hasard dans une âme de brute qui l'étouffe dédaigneusement. Et cette société il l'appelle, et dans une certaine mesure il la fait. »

Les points où se manifeste le conflit entre la conscience individuelle et la conscience sociale sont nom-

1. Paulhan, *Physiologie de l'Esprit*, p. 176 (Paris, F. Alcan).

breux et importants. La conscience sociale tend naturellement à opprimer la conscience individuelle. Les grandes institutions sociales qu'on appelle une religion, une législation, une caste, une classe tendent à se subordonner complètement l'individu. Toutefois, l'individu peut réagir et refuser de se laisser absorber et envahir par le groupe. La multiplicité même des cercles sociaux auxquels il participe peut être pour lui un moyen de libération, un moyen de dominer ces influences sociales dont chacune cherche à l'accaparer pour son compte. Il concentre dans sa conscience ces influences diverses, parfois antagonistes, et les combine quand il en a l'énergie intellectuelle, en une formule qui lui est propre. Ici agit la loi de différenciation sociale progressive de Simmel. Plus l'évolution avance, plus elle multiplie autour de l'individu les cercles sociaux et les influences sociales; plus par là elle favorise son originalité et son indépendance. Et l'on arrive à ce fait paradoxal en apparence que l'indépendance de l'individu est en raison directe du nombre des cercles sociaux auxquels il participe.

Souvent il y a antinomie entre le progrès de la société et le progrès de la conscience individuelle. Mais lorsque le progrès de la société est en contradiction avec le progrès de l'individu, ce n'est qu'une apparence de progrès; c'est un progrès faux et éphémère. C'est souvent un recul. Une société tend à enfermer l'individu dans la gangue de ses institutions stationnaires. Elle est essentiellement misonéiste et antiprogressiste. La conscience individuelle est la mère du Progrès; elle est le germe mystérieux qui porte en lui l'avenir, semblable à la première cellule élémentaire, éclosion obscure et inquiète de la vie, qui portait en elle la genèse immense des vies futures. Toutes les fois qu'un progrès a été accompli, il l'a été par la conscience individuelle. « Les hommes, disait Galilée, ne sont pas semblables à des chevaux attachés à une voiture et qui tirent tous : ils sont comme des chevaux libres en train de courir et dont l'un gagne l'enjeu. »

La conscience individuelle l'emporte en clarté et en sincérité sur la conscience sociale.

En sincérité d'abord. La conscience sociale d'une époque donnée est un tissu de mensonges conventionnels, de mots d'ordres imposés et lâchement subis[1].

En clarté ensuite. La conscience sociale est un tissu de contradictions qu'une réflexion un peu pénétrante met à nu. Elle est pour ainsi dire la partie obscure, non pensante, des consciences individuelles. Elle n'est pas une pensée, mais une pseudo-pensée collective. Il y a dans une organisation sociale toutes sortes de principes qu'on invoque comme des vérités évidentes et dont on serait incapable de réaliser le contenu psychologique dans une pensée réelle. Ce sont de purs psittacismes.

C'est la conscience individuelle qui perce ces mensonges. C'est elle qui armée d'une ferme logique, résout les contradictions et met à néant les psittacismes sociaux. La conscience sociale, synthèse d'égoïsmes étroits, manque de l'esprit de finesse, de la force de pénétration et de l'indépendance avec laquelle un esprit individuel peut aborder les problèmes de la vie et de la société. Les jugements émis par les groupes sont forcément grossiers, massifs et tout d'une pièce. Un groupe juge les choses et les hommes d'une manière unilatérale. J'entends par là qu'il les voit uniquement sous l'angle de l'utilité *actuelle* du groupe. Si sur un seul point l'attitude d'un homme a été ou a paru être en contradiction avec le conformisme plus ou moins conventionnel du groupe, cet homme n'a à attendre aucun égard, aucune intelligence même dans les jugements qu'on portera sur lui. Cet *on*, cette force impersonnelle et anonyme, *on*, l'a condamné sans appel

1. Voir le livre de M. Max Nordau, *Les Mensonges conventionnels* (Paris, F. Alcan).

et sans danger aucun, car les jugements des groupes jouissent de l'irresponsabilité chère à la lâcheté. La responsabilité de chaque membre du groupe est noyée dans l'impunité de la collectivité.

Tels sont les jugements de groupe, de corps, de classe, etc. Fondés sur un égoïsme étroit, sur des intérêts *présents* et *prochains*, ils sont caractérisés par le manque du sens de la vie et de la mouvance des choses. Ils sont frappés au coin du plus parfait philistinisme. La conscience individuelle peut planer au-dessus de l'intérêt social actuel ; elle a le sens dynamique de la vie et du devenir, car elle est harmonieuse et artiste comme la vie elle-même. « Que de fois j'ai constaté, écrivait Guy de Maupassant, que l'intelligence s'agrandit et s'élève dès qu'on vit seul, qu'elle s'amoindrit et s'abaisse dès qu'on se mêle de nouveau aux autres hommes! Les contacts, tout ce qu'on dit, tout ce qu'on est forcé d'écouter, d'entendre et de répondre, agissant sur la pensée. Un flux et reflux d'idées va de tête en tête, et un niveau s'établit, une moyenne d'intelligence pour toute agglomération nombreuse d'individus. Les qualités d'initiative intellectuelle, de réflexion sage et même de pénétration de tout homme isolé disparaissent dès que cet homme est mêlé à un grand nombre d'autres hommes [1]. »

La réaction du groupe ravale l'intelligence comme la moralité de l'individu. « De nombreuses réunions d'hommes, dit M. Sighele, ravalent toujours, par une loi fatale de psychologie collective, la valeur intellectuelle de la décision à prendre [2]. » Quant à la nature de l'influence morale exercée par le groupement sur l'individu, voici une observation très juste de M. Sighele : « Regardez les enfants quand ils se trouvent ensemble, ils deviennent plus méchants et plus cruels que jamais.

1. Guy de Maupassant, *Sur l'Eau.*
2. Sighele, *Psychologie des Sectes*, p. 201.

La niche un peu hardie, le petit vol, l'escalade d'un mur, qu'aucun n'aurait osé faire ou même méditer tout seul, ils y songent, et ils le font quand ils se trouvent plusieurs ou beaucoup ensemble. Nous-mêmes, nous autres hommes, nous devons reconnaître que s'il y a un cas où nous pouvons faillir aux lois de la délicatesse ou à celles de la pitié, c'est justement alors que nous sommes plusieurs ensemble; car le courage du mal s'éveille en nous, et nous jugeons à la légère l'action peu correcte que seuls nous n'aurions jamais accomplie[1]. »

D'après Schopenhauer, la conscience sociale semble être l'incarnation du vouloir-vivre pur, séparé de l'intellect, du vouloir-vivre stupide, férocement et brutalement égoïste. La conscience individuelle est le foyer mystérieux où jaillit la petite flamme de l'*intelligence* libératrice qui soulève l'être au-dessus des égoïsmes et des férocités du vouloir-vivre. Qu'on interprète cette vue de Schopenhauer dans le sens pessimiste ou dans tout autre sens, peu importe; cette vue est incontestable comme constatation d'un fait. La conscience sociale envisageant tout du point de vue *statique*, c'est-à-dire du point de vue des intérêts immédiats du groupe, est forcément oppressive et bornée; la conscience individuelle qui concentre en elle les influences intellectuelles et morales qui composent ce dynamisme social qui se développe de génération en génération a devant elle des horizons illimités. Elle est la mère de l'Idéal, le foyer de lumière et de vie, le génie de libération et de salut.

1. Sighele, *op. cit.*, p. 215.

CHAPITRE V

SOCIALISME ET INDIVIDUALISME

Nous pouvons maintenant aborder la question qui domine la Sociologie tout entière : celle des rapports de l'individu et de la société. Nous trouvons ici aux prises les deux doctrines du socialisme et de l'individualisme.

Au sens général, le mot *socialisme* désigne toute doctrine sociale qui subordonne l'individu à la collectivité. Tel est le sens du socialisme platonicien. Dans un sens plus précis et plus moderne, le socialisme est une doctrine qui, par une réforme économique du régime de la propriété, prétend assurer à l'individu une plus grande indépendance matérielle et morale.

L'individualisme est une doctrine qui, au lieu de subordonner l'individu à la collectivité, pose en principe que l'individu a sa fin en lui-même ; qu'en fait et en droit il possède une valeur propre et une existence autonome, et que l'idéal social est le plus complet affranchissement de l'individu. L'individualisme ainsi compris est la même chose que ce qu'on appelle encore la philosophie sociale libertaire.

Dans un sens plus étroit, on entend par Individualisme la théorie économique du *Laisser-faire* (École de Manchester). Quand nous parlerons ici de l'Individualisme, il s'agira de l'individualisme entendu comme philosophie libertaire.

Quels sont les rapports du Socialisme et de l'Individualisme ?

Il y a beaucoup de points de contact entre le Socialisme et l'Individualisme. Le Socialisme s'inspire dans une large mesure de l'Individualisme, et sur beaucoup de points s'efforce de lui donner satisfaction. — Il se propose l'émancipation économique de l'individu et veut l'arracher aux étreintes du capitalisme. Bien plus, il veut détruire non seulement le capitalisme comme régime économique, mais les institutions et fondations sociales qui sont les conséquences de ce régime : le droit capitalistique et bourgeois qui nous régit, la morale propriétaire et bourgeoise faite dans un intérêt de classe et oppressive de l'individu. Un sociologue allemand a dit à ce sujet : « Sans le libéralisme le socialisme est absolument inconcevable : le socialisme est essentiellement libéral ; il s'inspire des idées d'affranchissement et d'émancipation qui sont, de nos jours, la condition et la garantie la plus sûre de son existence. Ce qu'il s'efforce d'obtenir n'est rien moins que l'affranchissement des travailleurs vis-à-vis de la toute-puissance du capital[1]. »

Ce n'est pas tout. Aujourd'hui le socialisme est encore dans la phase militante. Il est encore un parti d'opposition et de lutte. Aussi défend-il la liberté sur le domaine politique, social, moral, toutes les fois qu'il en trouve l'occasion. Il favorise toutes les lois, toutes les motions, toutes les mesures propices à l'émancipation matérielle, intellectuelle et morale de l'individu. Il cherche volontiers à briser les cadres sociaux et moraux du passé. C'est ainsi que, sur le terrain moral, beaucoup de socialistes sont partisans de l'union libre. C'est ainsi que dernièrement en Allemagne le parti socialiste tout entier a voté contre la vexatoire et quelque peu ridicule loi Heintze. Il est donc incontestable qu'aujourd'hui le socialisme repré-

1. Ziegler, *La Question sociale est une question morale* Paris, F. Alcan, p. 11).

sente l'Individualisme et en est l'incarnation sociale la plus puissante. M. Jaurès a très bien mis en lumière cette vérité dans son article de la *Revue de Paris: Socialisme et Liberté*[1].

Mais en sera-t-il toujours ainsi? Quand il sera parvenu au pouvoir, quand il sera un parti gouvernant, le socialisme sera-t-il encore libéral et individualiste?

C'est là question qui se pose. Car peut-être alors les germes d'anti-individualisme contenus dans le socialisme se développeront-ils.

Quels sont ces germes?

Il y en a qui sont évidents et sur lesquels les adversaires du Socialisme ont depuis longtemps insisté. Citons par exemple la manie probable d'administration et de réglementation à outrance; la prétention accrue de la société au droit de contrôler l'activité des individus, l'omnipotence de plus en plus grande de l'opinion qui deviendrait dans le régime socialiste la principale sanction morale. Or, on sait combien l'opinion est aveugle, tyrannique, accessible aux préjugés de toute sorte, combien enfin elle est anti-individualiste.

Un autre point par où le Socialisme semble en contradiction avec l'Individualisme, c'est le dogmatisme unitaire, le monisme social et moral où il semble tendre infailliblement. On sait en effet que beaucoup de socialistes croient à un monisme final, à une uniformisation économique et morale de l'humanité. M. Jaurès lui-même semble accepter ce point de vue. Il parle de la « grande paix socialiste », de « l'harmonie qui jaillira du choc des forces et des instincts[2] ». Ce sont là de beaux rêves. Mais on sait aussi que tout dogmatisme et tout conformisme social, toute doctrine sociale unitaire sont un péril pour la diversité individuelle, pour la liberté et l'indépendance de l'Individu; car elles

1. *Revue de Paris*, 1er décembre 1898
2. *Ibid.*, p. 508 et 509.

visent plus ou moins directement à réclamer le sacrifice de l'Individu à la communauté. Suivant nous, il y a contradiction entre le point de départ individualiste de M. Jaurès et son point d'arrivée, le monisme social final. Parti d'une prémisse libertaire, il aboutit à une espèce de mysticisme social. Proudhon qu'il qualifie de poète et de sophiste a raison contre lui, quand il proclame l'éternité et l'indestructibilité de la catégorie de la diversité et de la lutte. Au fond, Jaurès est un platonicien, malgré son inspiration individualiste initiale. Chez lui, le Socialisme revient finalement à sa forme antique : la subordination de l'Individu à la communauté. — Pour nous, nous sommes les adversaires résolus de tout dogmatisme, de tout monisme social, parce que nous les considérons comme une menace pour l'Indépendance de l'Individu et pour l'énergie individuelle. Pour nous dogmatisme et monisme sont synonymes d'absolutisme, de coaction et de contrainte. Tous les dogmatismes sociaux et moraux ont une tendance à devenir tyranniques. Et c'est pourquoi Nietzche a eu raison de protester contre eux au nom de l'instinct de beauté et au nom de l'instinct de grandeur. Ces dogmatismes autorisent le contrôle autoritaire de la conscience individuelle par la conscience sociale, au nom de prétendues règles infaillibles et la mise en quarantaine sociale de ceux qui contreviennent à ces règles. Nous ne disons pas que toutes ces conséquences soient contenues dans la conception socialiste de M. Jaurès. Mais des esprits moins libéraux que lui pourraient les en déduire, et en tout cas elles constituent au sein du Socialisme un péril pour l'Individualisme.

Il importe ici de dire un mot des arguments qu'invoquent les partisans du dogmatisme social, en entendant par dogmatisme social la doctrine de ceux qui posent l'existence de la société comme antérieure et supérieure à celle de l'Individu.

On a invoqué en faveur du dogmatisme social deux sortes d'arguments, les uns *a priori* les autres *a posteriori*. Et on pourrait ainsi distinguer deux sortes de dogmatismes sociaux : les dogmatismes sociaux *a priori* et les dogmatismes sociaux *a posteriori*.

Le dogmatisme social *a priori* a pour premier et principal représentant Platon qui restera le type éternel de la philosophie sociale unitaire. Platon, on le sait, invoque l'idée rationnelle d'unité, et il croit que cette idée plane au-dessus des Individus, qu'elle leur est antérieure et supérieure. Par conséquent, la cité est supérieure aux citoyens. La cité est tout; l'individu n'est rien. Aristote a fait justice de cet argument. Réfutant Platon, il montre qu'une déduction logique de l'idée d'unité conduirait à diviniser l'individu plutôt que la cité. « En effet, dit-il, Socrate regarde comme fin de la cité l'unité absolue. Mais qu'est-ce qu'une cité? C'est une multitude composée d'éléments divers; donnez-lui plus d'unité, votre cité devient une famille; centralisez encore, votre famille se concentre dans l'individu : car il y a plus d'unité dans la famille que dans la cité et plus encore dans l'individu que dans la famille[1]. » Ainsi, il n'y a pas d'unité plus réelle, plus complète que l'Individu. C'est donc lui qui, d'après les principes mêmes de Platon, incarnerait le mieux l'idée d'unité. C'est aussi par la voie *a priori* que certains kantiens et néokantiens arrivent à poser le dogmatisme social et croient pouvoir affirmer la subordination nécessaire et légitime de l'individu à la société. Mais leurs arguments n'ont pas plus de valeur que l'argument platonicien qu'on retrouve plus ou moins dans tous les autres.

Les dogmatiques sociaux *à posteriori* prétendent fonder cette subordination sur un fait d'expérience généralisé et interprété comme une nécessité naturelle.

1. Aristote, *Politique*, livre II.

Telle est la méthode de ceux qui subordonnent l'Individu à la société au nom de la loi de l'adaptation au milieu ou de la loi de symbiose (M. Izoulet) ou encore de la loi de solidarité, etc.

Les théories de ces philosophes pourraient être désignées sous le titre commun d'*historisme* (expression de Nietzche). Car elles regardent l'Individu comme une simple résultante, un simple reflet de son milieu historique.

C'est contre cet historisme que Nietzche a protesté. C'est lui, qui avec plus de vigueur que n'importe quel autre penseur, a voulu secouer ce filet qu'on voulait lui jeter sur la tête et dont les mailles s'appellent : le milieu, l'hérédité, la tradition, la morale convenue[1].

Nietzche a raison. Ces philosophes érigent en dogme l'absolue passivité et comme le néant de l'Individu. Ils oublient que l'individu est lui-même une force, un facteur important de son milieu et qu'il peut le transformer aussi bien que s'y adapter docilement. « Il est vrai, dit M. Sighele, que les hommes de génie sont plus qu'acteurs, qu'ils sont auteurs du drame humain[2]. » Mais ceci peut s'appliquer, toutes proportions gardées, à chaque individu humain. Nous rappellerons de plus la distinction que nous avons faite entre les deux points de vue *statique* et *dynamique* pour envisager la société. Si au point de vue statique, c'est-à-dire à *un moment donné de l'évolution*, le milieu impose une limite inévitable aux activités de l'Individu, au point de vue dynamique, c'est-à-dire au point de vue de l'évolution et de l'ascension sociale, l'Individu reprend ses droits. Car il est à ce point de vue le principe des initiatives, l'agent du progrès, le moteur de l'histoire.

1. Voir sur cette attitude de Nietzche : Th. Ziegler, *Die geistigen und sozialen Strömungen des 19en Jahrhunderts.*
2. S. Sighele, *Psychologie des Sectes*, p. 224.

Nous rejetons toutes les formes du dogmatisme social, aussi bien le dogmatisme *a posteriori* que le dogmatisme *a priori*, et nous leur opposons l'Individualisme comme la vraie philosophie sociale.

Nous pouvons voir maintenant d'une façon claire ce qu'il y a de vrai et de faux dans le socialisme.

Le socialisme est légitime et vrai en tant qu'il lutte pour les idées de liberté et d'émancipation individuelles. A ce titre, il *n'est qu'un moment dans le développement de l'individualisme*. Et il est légitime dans la mesure où il est une affirmation de l'Individualisme.

Mais le socialisme a tort s'il croit pouvoir s'immobiliser dans un dogme arrêté, dans une conception unitaire, dans un idéal fixe, s'il se transforme en dogmatisme social. Car alors il prend le caractère de tout dogmatisme, celui d'être pour l'Individu une coaction et une contrainte. Beaucoup de socialistes ont aperçu ce danger et refusent avec raison d'enfermer le socialisme dans une formule dogmatique définitive. Dans un article[1] des *Sozialistische Monatshefte* écrit à propos de la mort de Nietzche, M. E. Gystrow repousse le socialisme comme conception immobile et statique, et n'admet la légitimité que d'un socialisme dynamique, d'un socialisme en évolution et se dépassant toujours lui-même. « Le vieux révolutionnaire Engels, dit M. Gystrow, a lui-même fait table rase de la révolution obligatoire. Le mouvement du socialisme vers son but final (*Endziel*) devait s'accomplir par des voies légales. Ensuite est venu Bernstein, qui a rayé le dogme du « but final »... Tout mouvement a une direction; mais autre chose est direction, autre chose but final.

» Un mouvement historique n'est pas une ligne définie, une parabole ou une spirale d'Archimède, mais une courbe que les plus grands génies de la géométrie

1. *Socialistische Monatshefte*, Heft October 1900.

analytique essayeraient en vain de déterminer. Il n'y a point en histoire de but final qui, au moment même où il serait atteint, ne se trouverait dépassé. Chaque but final ne peut jamais signifier qu'un point provisoire dans l'orientation du mouvement. Dans sa marche vers le but final, le mouvement historique le déplace incessamment. Ce qu'on appelle l'idéal d'un mouvement ne se trouve point à son terme final; mais il l'accompagne à chaque instant et se déplace avec lui : il voyage avec lui comme la colonne de feu avec Israël. Aussi longtemps qu'un mouvement historique se propose un but final au sens propre du mot, il est prématuré; il vit encore dans les songes de l'enfance. Sans doute, cette phase est nécessaire. Mais de même que l'enfant grandit, il vient un jour où le mouvement historique se rit des espérances enfantines. Si un mouvement historique survit à ce jour, c'est la pierre de touche de son droit à l'existence. Le socialisme a jeté par-dessus bord son « But final »; mais il possède en revanche un idéal qui, au lieu d'être devant lui, est en lui et lui imprime son empreinte[1]. »

Pour notre part, nous répudions, comme ce sociologue, un socialisme à forme dogmatique et immobilisée. Mais nous admettons la possibilité d'un socialisme dynamique, d'un socialisme en devenir éternel, d'un socialisme porté et créé par les volontés individuelles au lieu de s'imposer à elles, en un mot d'un socialisme qui serait l'Individualisme.

Mais il faut que ce socialisme échappe, comme nous l'avons dit, à la chimère dangereuse du monisme social. Il faut aussi qu'il échappe à la chimère de l'égalité absolue.

Il y a une inégalité qu'on peut supprimer, c'est celle des classes; mais il y en a une qu'on ne peut faire disparaître, c'est celle des individus.

1. *Socialistische Monatshefte,* loc. cit.

On pourra supprimer les hiérarchies sociales conventionnelles, mais non l'ascendant personnel des âmes. Comme le dit M. Mazel, « il y aura toujours des actifs et des passifs, des énergétiques et des énergumènes [1] ».

Nous voyons par là que le paradoxe soutenu par M. E. Gystrow — la conciliation du nietzchéisme et du socialisme — n'est pas si insoutenable qu'il le paraît au premier abord.

Oui, Nietzche, malgré ses allures aristocratiques, n'est pas si éloigné qu'on le croirait du socialisme. Car il a réclamé pour tous le droit à l'aristocratisation. La maxime nietzschéenne : *Nicht nur fort sollt Ihr euch pflanzen, sondern hinauf*, peut devenir celle du socialisme et de la démocratie tout entière. Car Nietzche a proclamé le vrai principe de tout socialisme vrai et de toute démocratie : la valeur et le prix infini de la personne. Il a courageusement répudié la chimère du monisme final, du conformisme et de la paix universelle au sein d'un dogme achevé. Car une telle paix serait la stagnation et la torpeur.

Aujourd'hui, beaucoup de socialistes [2], suivant la remarque de M. Gystrow, se rapprochent de ce point de vue. « Il y a encore, dit ce sociologue, un lien entre Nietzche et le socialisme : le mépris de la sentimentalité, des airs odieux du chalumeau de la paix. Et l'un et l'autre se bouchent le nez, à l'odeur des cuisines où se préparent la soupe composite prise en commun et le brouet d'harmonie... Ce n'est que dans la lutte que grandit la personnalité. Une seule grève éveille plus

1. H. Mazel, *La Synergie sociale*, p. 348.

2. En corrigeant les épreuves de ce travail, nous avons sous les yeux un récent article sur le Socialisme, où l'auteur insiste sur la pérennité de l'individualisme et sur la nécessité de l'énergie et de la responsabilité individuelles même et surtout au sein de la coopération économique. Nous y trouvons cette formule suggestive : « Pour les socialistes évolutionnistes, le socialisme ne sera pas; *il devient...* » (J. Sarraute, *Socialisme d'opposition, socialisme de gouvernement et lutte de classe*). (*Revue socialiste*, déc. 1900).

d'individualités qu'un volume plein de boursouflure traitant du « développement de soi-même, » etc.

« La possession de la puissance se paye cher, — la puissance abêtit. — Mais la lutte pour la puissance est le principe vital de tous les grands mouvements, et c'est assez qu'en elle et par elle des individualités se dressent plus nombreuses et plus riches... Autrefois, le socialisme était un dogme. Aujourd'hui, il est un grand mouvement. Le dogme tombe en morceaux ; mais la sensibilité et la vie individuelle s'agitent plus fécondes et plus riches.

» Nietzche a été des nôtres. Il n'a pas été le philosophe du romantisme des corporations moyenageuses, et il a rompu avec Wagner qui a été, dans l'art, le représentant de ce romantisme. Il n'a pas été non plus le philosophe du capitalisme... Il croyait aux grands hommes du passé et — c'est ce qu'il y a d'admirable et de divin dans ce génie — à la *grande humanité* de l'avenir. Il a prophétisé ce qui doit être le principe de notre tâche : que la valeur de l'humanité réside dans l'homme même, et que toute véritable ascension de l'humanité aura un sens aristocratique[1]... »

Oui, il n'y a point de démocratie vraie sans une aristocratisation de la foule. Un de nos amis se proposait de lire et commenter devant un auditoire populaire le passage du *Danseur de corde*, dans *Ainsi parlait Zarathoustra*. On lui déconseilla de faire cette lecture comme peu démocratique et imprégnée d'un mépris de la foule. Pourtant notre ami avait raison. Il faut que la foule s'ennoblisse, qu'elle se déloge de son âme de foule, qu'elle sente l'horreur de l'abominable esprit grégaire que Nietzche a si admirablement exprimé : « Va-t'en de cette ville, o Zarathoustra ; ils sont trop qui te haïssent. Les bons et les justes te haïssent, et ils t'appellent leur ennemi et leur contempteur ; les

1. Gystrow, *Etwas ber Nietzche und uns Sozialisten* (*Socialistische Monatshefte*, loc. cit.).

fidèles de la vraie croyance te haïssent, et ils t'appellent un danger pour la foule. Ce fut ton bonheur qu'on se moquât de toi ; car vraiment tu parlais comme un bouffon. Ce fut ton bonheur de t'associer au chien mort : en t'abaissant ainsi tu t'es sauvé pour aujourd'hui. Mais va-t'en de cette ville, — ou demain, je sauterai par-dessus toi'... »[1]

Nous sommes maintenant en mesure de comprendre les vrais rapports de la collectivité et de l'individu. Sans doute, une part de vérité est contenue dans ces vers de Gœthe :

> Wie viel bist du von andern unterschieden?
> Erkenne dich, leb' mit der Welt in Frieden[2].

Mais il ne faut pas non plus méconnaître l'inégalité et la diversité des individus. Il ne faut pas méconnaître la nécessité de la lutte pour créer l'idéal, pour sculpter la personnalité.

Au fond, il n'y a pas antinomie entre l'individualisme aristocratique et l'individualisme démocratique. Glorifier les grandes, les libres individualités humaines, c'est nous préparer à glorifier *toutes* les personnalités humaines, en tant qu'elles sont susceptibles de liberté et de grandeur. Une loi de Tarde (loi du passage de l'unilatéral au réciproque) pourrait intervenir ici pour expliquer ce passage de l'individualisme aristocratique à l'individualisme démocratique. Carlyle disait : « Je vois se préparer le plus béni des résultats : non l'abolition du culte des héros, mais plutôt ce que j'appellerais tout un monde de héros. Si héros signifie homme sincère, pourquoi chacun de nous ne peut-il être un héros ? »

L'ennemi, le danger véritable de notre démocratie,

1. Nietzche, *Ainsi parlait Zarathoustra*, § 8.
2. « En quoi et combien diffères-tu des autres ? — Reconnais-toi et vis en paix avec le monde ».

ce n'est pas la théorie individualiste des grands hommes, mais toute théorie qui, au nom d'un principe quel qu'il soit, au nom d'un dogme quel qu'il soit, subordonnera l'initiative, l'action individuelle à l'esprit grégaire.

Il faut que cet esprit grégaire disparaisse. Il faut qu'on s'affranchisse de ce besoin de sociabilité veule et lâche qui est le fléau de l'époque moderne. Il faut qu'on sache être soi, vivre en soi et par soi.

Suivant le mot de Pascal, « Pensons à notre salut », à notre salut terrestre, qui n'est pas ailleurs que dans l'indépendance et la maitrise de soi. C'est peut-être de l'égoïsme. Mais, si égoïsme il y a, cet égoïsme simple et franc vaut mieux que cet égoïsme compliqué et farci d'hypocrisie sociale que certains prônent sous le nom de solidarité, symbiose, etc.

Et surtout pas de dogmes, pas de protection, de tutèle sociale de l'individu. Les dieux sont morts, les religions sont mortes. Les dogmes moraux et sociaux conventionnels sont en train de mourir. L'individu humain ne peut, ne doit compter que sur soi. Il est la pensée et l'action libre, « la flèche du désir vers l'autre rive[1] ».

Nietzche a admirablement rendu ce sentiment dans des termes qui rappellent les lignes magnifiques qui terminent l'*Esquisse d'une Morale* de Guyau. Des deux côtés, c'est le même accent hautain, stoïque, prophétique; c'est le même souffle d'avenir qui passe dans l'air : « Nous autres philosophes et esprits libres, à la nouvelle que le dieu ancien est mort, nous nous sentons illuminés d'une aurore nouvelle; notre cœur en déborde de reconnaissance, d'étonnement, d'appréhension et d'attente, — enfin, l'horizon nous semble de nouveau libre, en admettant même qu'il ne soit pas clair, — enfin nos vaisseaux peuvent de nouveau mettre à la voile, voguer au-devant du danger; tous les coups de

1. Nietzche, *Ainsi parlait Zarathoustra*, § 8.

hasard de celui qui cherche la connaissance sont de nouveau permis ; la mer, notre pleine mer s'ouvre de nouveau devant nous, et peut-être n'y eut-il jamais une mer aussi « pleine » (*Le gai savoir*).

« Celui qui s'engage dans ce domaine immense, presque neuf, des connaissances dangereuses, souffrira d'une telle direction de son jugement comme du mal de mer. Et, en fait, il y a cent bonnes raisons pour que chacun en reste éloigné quand il le peut ! D'autre part, quand on y a échoué avec sa barque, eh bien, en avant ! serrons les dents ! ouvrons l'œil ! la main ferme au gouvernail ! — Nous *dépassons* la morale, nous comprimons, nous écrasons peut-être par là notre reste personnel de moralité, puisque nous allons, puisque nous nous aventurons dans cette direction, — mais quelle importance avons-*nous !* Jamais encore un monde plus *profond* ne s'est révélé aux regards des voyageurs intrépides et des aventuriers[1]... »

1. Nietzche, *Par delà le Bien et le Mal*, § 23.

TABLE DES MATIÈRES

Livre Ier. — Préliminaires. — Définition, Méthode et Divisions de la Sociologie

Pages

Chapitre premier. — Définition de la Sociologie....... 1
Chapitre II. — Ce que la Sociologie n'est pas........... 10
Chapitre III. — Histoire de la Sociologie............... 15
Chapitre IV. — La méthode en Sociologie............. 18
Chapitre V. — Du concept de société................. 24
Chapitre VI. — Divisions de la Sociologie. — Du problème de la classification des sociétés................ 29

Livre II. — Comment les Sociétés se forment

Chapitre premier. — Exposé et examen des diverses théories proposées pour définir l'élément générateur des sociétés :

Facteurs invoqués: 1° Race; 2° Milieu physique et géographique; 3° Symbiose ou solidarité organique (Izoulet); 4° Socialité ou Psychisme social (De Roberty); 5° L'Adaptation au milieu (Spencer); 6° L'Intérêt de l'Espèce et le grégarisme (Ammon); 7° L'Evolution économique (Loria et Marx); 8° Nombre, densité et mobilité de la population (Bouglé); 9° La conscience d'espèce (Giddings); 10° Le contrat (Rousseau); 11° L'Imitation (Tarde); 12° La synergie (H. Mazel)............. 38

Chapitre II. — Qu'est-ce que la conscience sociale?..... 68

Livre III. — Comment les Sociétés se conservent

Chapitre premier. —Loi générale de la conservation sociale.. 67
Chapitre II. — Lois d'unité et de continuité sociales..... 71
Chapitre III. — Loi d'adaptation vitale................. 73
Chapitre IV. — Loi de différenciation sociale et loi des élites.. 76
Chapitre V. — Loi de solidarité sociale et loi de grégarisme.. 80
Chapitre VI. — Loi de conformisme social et d'élimination des non-conformistes........................ 85

Pages

Chapitre VII. — Loi d'immobilisme et loi de variabilité sociale 88
Chapitre VIII. — Loi de dogmatisme et d'optimisme social 90
Chapitre IX. — Loi des formalismes sociaux. — Loi du mensonge du groupe. — Conclusion sur la conservation sociale 95

Livre IV. — Comment les Sociétés évoluent

Chapitre premier. — Sens du mot Evolution en Sociologie. — Distinction des lois d'évolution et des lois de causation 101
Chapitre II. — Deux manières d'entendre l'évolution sociale : Dialectique sociale objective et dialectique sociale idéologique 106
Chapitre III. — L'Imitation et les lois qui s'y rattachent : Loi du passage de la coutume à la mode ; loi du passage de l'unilatéral au réciproque ; loi de l'Irréversible en Sociologie. — Loi d'assimilation sociale progressive. — Remarques sur les conditions de suggestivité et de suggestibilité des esprits dans les intéractions sociales 110
Chapitre IV. — Lois de l'opposition sociale et de la différenciation sociale 117
Chapitre V. — Antagonisme des deux lois d'assimilation progressive et de différenciation progressive 127
Chapitre VI. — L'adaptation sociale et le progrès 133
Chapitre VII. — Evolution de la conscience sociale 144

Livre V. — Comment les Sociétés se dissolvent et meurent. — Conclusion : Socialisme et Individualisme.

Chapitre premier. — La mort des sociétés. — Causes de la décadence des sociétés 147
Chapitre II. — Lois de la régression sociale 160
Chapitre III. — De la reformation des Sociétés. — De la reformation des classes. — La question des élites.... 164
Chapitre IV. — La conscience individuelle et la conscience sociale 168
Chapitre V. — Socialisme et Individualisme 174

Chalon-sur-Saône. — Impr. Française et Orientale, E. Bertrand

www.ingramcontent.com/pod-product-compliance
Ingram Content Group UK Ltd.
Pitfield, Milton Keynes, MK11 3LW, UK
UKHW012214240726
13966UKWH00002B/745